U0164318

孟子的人生智慧

潘銘基 著

匯智出版

責任編輯：羅國洪
審稿編輯：賴菊英
封面設計：張錦良

孟子的人生智慧

作者：潘銘基

出　　版：匯智出版有限公司
　　　　　香港九龍尖沙咀赫德道2A首邦行8樓803室
　　　　　電話：2390 0605　　傳真：2142 3161
　　　　　網址：http://www.ip.com.hk

發　　行：香港聯合書刊物流有限公司
　　　　　香港新界大埔汀麗路36號中華商務印刷大廈3字樓
　　　　　電話：2150 2100　　傳真：2407 3062

印　　刷：陽光 (彩美) 印刷有限公司

版　　次：2017年3月初版
　　　　　2019年8月修訂第二版
　　　　　2020年7月第三版

國際書號：978-988-77710-8-1

版權所有．翻印必究

自序

　　歷史人物距離我們很遠，卻又很近。孟子是二千四百多年前的戰國人物，周遊列國遊說諸侯卻不為所用。對我們而言，孟子或因《孟子》一書而為人熟悉，〈齊桓晉文之事章〉、〈寡人之於國也章〉，以及孟子與告子爭辯等，應該是較為耳熟能詳的篇章。除了這些篇章以外，有關孟子的事蹟或許在歷史的洪流中逐漸被人遺忘。然而，在日常生活中，我們還是可以看見《孟子》的應用。

　　本書以《孟子》文本為據，分門別類選讀《孟子》的不同篇章。誠然，這並非古書最理想的讀法，古人讀書，當從首至尾，仔細閱讀，並作筆記，如此方可終生不忘。不過，本書既以分類摘錄，亦附以現代社會上、生活上的經驗，自不失為現代人的一種讀法。據此，即使是二千多年前的古書，仍有其現代意義。

　　本書共分為六章，第一章：「人性本善，我本善良」，論述孟子的性善論，此為孟子學說的根本。孟子生於戰亂之時，遊說諸侯，欲時君能用其說，以拯救黎民，性善論即君主以王道治國的基礎。孟子舉例以證，引而申之，說明人皆有善端，可以行善。

　　第二章：「從家到國，以民為本」。以性善論為本，討

論孟子行仁政治國之道，並見其以民為本的思想。孟子距今雖遠，然其提出以民為本的施政方針，仍可為今之從政者借鑑。

第三章：「春風化雨」，論孟子的教育思想。人雖有善端，但需擴而充之，方可稱人。後世學者或以儒家每多繁文縟節，難以遵從，其實成德之路並不難，擴充善端之途便在教育。環境教育論便是一例，現代社會裏早已證成其說。

第四章：「堅持原則與靈活變通」，見孟子在遊說之時，既有堅持原則，亦見靈活變通。行權正是對「迂遠而闊於事情」的反擊；反之，隨時變化的人，只能是沒有原則，人云亦云。要在堅持與變通裏拿捏得宜，方可稱善。

第五章：「雄辯滔滔，據理力爭」，主要論述孟子在遊說諸侯時的技巧。孟子據理力爭，理直自然氣壯，所以才能「雖千萬人，吾往矣」。社會上的政客每多遊談無根，雖然滔滔不絕，卻是無的放矢，言之無物，缺乏識見，以為自己在演出電視連續劇。此因「理直」方可「氣壯」，捨此以外別無其他技巧。

第六章：「理想世界，關愛天下」，言及孟子心目中的堯舜之道，以及其所描述的理想世界。每個人心中都有自己的烏托邦，嚮往着其中的生活，孟子亦不例外。對於理想的國度，我們又應如何追求呢？

本書的內容以《孟子》為本，此書雖未必全出自孟子，

可是根據前人分析，仍是最能代表孟子想法的著作。此
外，輔之以《史記》、《列女傳》等漢代典籍，以見孟子的生
平事蹟，以及生活上的點滴。本書在引用原典以後，即以
白話加以解說，並舉現代生活的例子，以見二千四百多年
前的古書在今天的應用。其中引用《孟子》和《論語》時，
白話翻譯主要參考楊伯峻的《孟子譯注》和《論語譯注》。書
中引用原文以後，俱在引文後加上括號和數字，如（11.6）
代表引文在楊伯峻《孟子譯注》的章節編號，以方便讀者檢
索原書。

　　此書得以順利完成，首先要感謝「匯智出版」的邀約，
並提供足夠的寫作空間，讓我可以分享自己對《孟子》的感
受。其次，在寫作期間嘗多次講授《孟子》，教學之餘也找
到了許多寫作的泉源。最後，家人無限量的支持，也借此
一併感謝。

二零一六年八月於香港中文大學

目 錄

第二章：從家到國，以民為本

第三章：春風化雨

第四章：堅持原則與靈活變通

第五章：雄辯滔滔，據理力爭

第六章：理想世界，關愛天下

第一章

人性本善，我本善艮

《三字經》説：「人之初，性本善。」此話本於孟子。性善論是孟子的重要思想，也是其眾多學説的根本。

這個世界如果是黑白分明的話，究竟是好人多還是壞人多呢？實在説不清楚。每天打開報章，尤其是那些報憂不報喜的，總會發現滿紙的壞人。壞人年齡不一，貧富有別，我們不禁會問，為甚麼這個世界會有這麼多的「壞人」？不單是案底纍纍、作惡多端的罪犯，甚至是小孩子也會有許多「行騙」的手段，究竟這個世界有沒有純然的「好人」呢？如果是問孟子的話，他便會義正辭嚴地説出他的「性善論」，指出「人性本善」；可是，我們要特別注意的是其中的「本」字，因為這代表一切都只是萌芽，人長大後能否成善，還得靠後天的教化。

孟子認為人性本善，中國古代的儒家先哲都有相類似的看法。然而，認為人性本善不僅是中國學者的意見，西方學者也持論相近。例如英國經濟學家阿當·史密斯（Adam Smith）在提倡自由貿易和資本主義之餘，也認為人性本善，覺得人具備同情心或憐憫心。至於啟蒙時期的法國思想家盧梭（Jean-Jacques Rousseau）則以原始時代的人類作為研究的根本。盧梭認為原始人類一無所有，愚昧無知，自由自在，但同時沒有任何社會性，純潔、善良，不會互相欺壓，因此人類天性本是善良的。

人類是否性善的討論是沒完沒了的，孟子和中西先哲認為人性本善代表了甚麼呢？我們永遠看不見人的內心，看不穿性善的萌芽，但相信性善，表示我們願意相信人的善良，站在人性的光明面看一切的問題。這對我們處世行事不無好處。

性善與性惡

孟子倡性善論，荀子倡性惡論，但兩者同樣強調後天環境、教育的重要性。

「性善説」和「性惡説」，二者看似極端，其實不然。孟子提倡性善説，時代稍後的荀子則提倡性惡説，西漢末年的揚雄認為孟子和荀子是「同門異戶」(《法言·君子》)。為甚麼揚子會有這樣的看法呢？先看以下《孟子》和《荀子》的兩段文字：

> 惻隱之心，人皆有之；羞惡之心，人皆有之；恭敬之心，人皆有之；是非之心，人皆有之。惻隱之心，仁也；羞惡之心，義也；恭敬之心，禮也；是非之心，智也。仁義禮智，非由外鑠我也，我固有之也，弗思耳矣。(11.6)

> 人之性惡，其善者偽也。今人之性，生而有好利焉，順是，故爭奪生而辭讓亡焉；生而有疾惡焉，順是，故殘賊生而忠信亡焉；生而有耳目之欲，有好聲色焉，順是，故淫亂生而禮義文理亡焉。(《荀子·性惡》)

在這兩段文字裏，孟子提出了重要的「四端」——即「惻隱之心」、「羞惡之心」、「恭敬之心」、「是非之心」，這四個善端分別是「仁」、「義」、「禮」、「智」的萌芽。《集韻》云：「端，始也。」端是開始的意思。如果沒有擴而充之，那便永遠成不了「仁」、「義」、「禮」、「智」。至於荀子，他認為人性本惡，如果得見某人性善，只是人為罷了，並非人的本性如此；人的成長，如果不加教育，便會爭奪、殘賊、淫亂了。比較孟子與荀子，可見孟子面對人性是較為樂觀的，而荀子則顯得相對悲觀，但其實孟、荀同樣強調後天環境、教育的重要性。

「牛山樹木」之喻

孟子認為有了「先在條件」後，還需加以栽培和擴充，才能達致性善。

孟子所說的「先在條件」，我們如何可以加以擴充呢？孟子曾用了一個相當生動的比喻：

> 孟子曰：「牛山之木嘗美矣，以其郊於大國也，斧斤伐之，可以為美乎？是其日夜之所息，雨露之所潤，非無萌蘗之生焉，牛羊又從而牧之，是以若彼濯濯也。人見其濯濯也，以為未嘗有材焉，此豈山之性也哉？雖存乎人者，豈無仁義之心哉？其所以放其良心者，亦猶斧斤之於木也，旦旦而伐之，可〔以〕為美乎？其日夜之所息，平旦之氣，其好惡與人相近也者幾希，則其旦晝之所為，有梏亡之矣。梏之反覆，則其夜氣不足以存；夜氣不足以存，則其違禽獸不遠矣。人見其禽獸也，而以為未嘗有才焉者，是豈人之情也哉？故苟得其養，無物不長；苟失其養，無物不消。孔子曰：『操則存，舍則亡；出入無時，莫知其

鄉。』惟心之謂與？」（11.8）

孟子這裏所說的「牛山之木」，便是性善的先在條件，可是我們不但不加以栽培，反之是每天以斤斧伐之。樹木斬光了，我們還以為這裏原來就是光禿禿的，殊不知它本是枝葉茂盛的樹林。我們看見作惡多端的人，就以為他生下來便是十惡不赦，孟子認為這樣的壞人最初也有成為好人的可能，只是我們今天只能看到他壞的一面。

做錯事，中國先哲都強調要讓他悔改，不要再犯。孔子說「過則勿憚改」，做錯事不要害怕改正。孟子則要追求已放失的良心，「為學之道無他，求其放心而已」（11.11），一時的丟失並不要緊，最重要是能找回。禪宗更強調「放下屠刀，立地成佛」（《景德傳燈錄‧法安濟慧禪師》）。在現今的社會，對於做錯事的懲罰，是嚴刑峻法令他痛定思痛，還是要循循善誘的感化，一直有不同的聲音。有母親曾經體罰兒子被判感化，於感化期間再用衣架打兒子，更將挨打的八歲兒子逐出家門，兒子在無計可施的情況下，唯有赤腳徒步數公里向其他家人求助。這個母親應該再判感化嗎？她或許很大機會重犯，但母親坐牢的話，受苦的也是兒子，懲罰並不一定能令事情變得好起來。更有甚者，是一些關於死刑誤判的爭論。嚴刑峻法可收阻嚇預防之效，本是好意；然而，任何刑法都有誤判的可能，人若死了，誤判便不可挽回。

不學而能的本領

孟子認為「良能」、「良知」是「不學而能」，但在成長的過程中，是與日俱增，還是逐漸消減，便是教育的問題了。

孟子看到的是人性光輝的一面。孟子認為人之性善是與生俱來的本性。

> 孟子曰：「人之所不學而能者，其良能也；所不慮而知者，其良知也。孩提之童無不知愛其親者，及其長也，無不知敬其兄也。親親，仁也；敬長，義也；無他，達之天下也。」（13.15）

孟子這裏說的「良能」、「良知」，是人類「不學而能」的，亦即是與生俱來的本領。小朋友都愛父母，尊敬長輩，孟子認為都是「不學而能」的東西，由此而體現的「仁」和「義」這兩種品德也是我們行之天下的處世態度。小孩愛父母，倚仗的是父母的身教。為人父母者，如果不善待自己的父母，兒女看了，他日亦會以同樣的態度處之。因此，小孩愛父母這種與生俱來的本領，他日能否擴而充

之，也視乎我們今天的培養。

　　有調查發現，小學生覺得最快樂的事就是「玩」，高達五成一的人認為玩最快樂，尤其和父母、同學及兄弟姐妹一起玩，比打電動遊戲、上網和玩玩具還快樂。由此可見，小孩子與生俱來便愛父母是沒錯的。當然，小孩在成長的過程中，其與生俱來的「良能」、「良知」是與日俱增，還是逐漸消減，這便是教育的問題了。

不忍人之心

惻隱之心，人皆有之。小孩的惻隱之心出於自覺，發乎真心；成年人亦有捨己爲人、見義勇爲的行爲。

儒家（或許是中國人）總喜歡將事情簡單化，後世的人認為儒者的經典「累世不能通其學，當年不能究其禮」（語出司馬談〈論六家要旨〉），那是孔、孟以後的事。雖然孟子常用類比論證，有時並不能服人，但他說話喜歡有證有據。那麼，除了「良能」、「良知」的討論以外，還有甚麼例子可以證明人性本善呢？

　　孟子曰：「人皆有不忍人之心。先王有不忍人之心，斯有不忍人之政矣。以不忍人之心，行不忍人之政，治天下可運之掌上。所以謂人皆有不忍人之心者，今人乍見孺子將入於井，皆有怵惕惻隱之心——非所以內交於孺子之父母也，非所以要譽於鄉黨朋友也，非惡其聲而然也。由是觀之，無惻隱之心，非人也；無羞惡之心，非人也；無辭讓之心，非人也；無是非之心，非人也。惻隱之心，仁之端也；羞惡之

心，義之端也；辭讓之心，禮之端也；是非之心，智
之端也。人之有是四端也，猶其有四體也。」（3.6）

孟子在這裏舉了一個事例說明人皆有「不忍人之心」。
有人看見一個小孩子快要掉下井裏去，雖然並不認識小孩
的父母，也不是想憑勇救小孩的事而聞名於世，也不是認
為小孩的哭聲煩厭，他只是憑他的「不忍人之心」，便去援
救那個將要掉進井裏的小孩。這種「不忍人之心」（或即「怵
惕惻隱之心」）是與生俱來，人皆有之，是「仁」的根本。
由於「不忍人之心」是人皆有之的，那便證成了孟子認為人
皆可以為「仁」的看法。

有時候，小朋友看見一些小動物，甚至是細小的螞
蟻，都不忍心把牠輾過，說是要保護「動物」。有一次，大
約在兒子四五歲的時候，當時他一直觀看着掉在地上的餅
屑。我問他為何吃得這樣骯髒，他說這是要給螞蟻吃的。
當然這是一種另類的「保護」，但懷着這種心的小朋友，其
實便是有「不忍人之心」，雖未宣之於口，卻已有行善的先
在條件。成年人往往要找藉口說服自己，要拿出證據才肯
相信人皆有不忍人之心；小朋友卻出於直覺，發乎真心，
證成了孟子的性善論。

勇救墮井之人，是「見義勇為」的事。我們很自然會聯
想到警察、消防員等救火救人的行業。有些人會認為救急
扶危是警察、消防員的責任，因此他們救人並不是甚麼「見
義勇為」。可是，警察、消防員也是要在確保自身安全的情

況下，才可以拯救他人。所以，當我們看到消防員奮不顧
身衝入火場或潛入水中救人的時候，還是應該慶幸有這群甘
願赴湯蹈火的人。就像曾是輪椅劍擊世界冠軍的張偉良[1]，
他原是前線消防員，在 1983 年颱風愛倫吹襲香港的時候，
因為參與救災工作時遇上山泥傾瀉而身受重傷，結果要切
除左腿保命。捨己為人，其實亦本於不忍人之心。

1　張偉良在受傷後開始接觸輪椅劍擊，並刻苦練習，終於在 1996 年的亞特蘭大
　　殘疾人士奧運會中獨取四面金牌，為香港爭光。

「仁」、「義」、「禮」、「智」四端之重要

「人之有是四端也，猶其有四體也。」這句話不但帶出了四端的重要性，也說明了四端的當然性。

前文説，「端」有開始之意，那麼「仁」、「義」、「禮」、「智」的開始是甚麼呢？誠如上引《孟子‧公孫丑上》之文：「惻隱之心，仁之端也；羞惡之心，義之端也；辭讓之心，禮之端也；是非之心，智之端也。人之有是四端也，猶其有四體也。」(3.6) 可見「惻隱」是仁的開端，「羞惡」是義的開端，「辭讓」是禮的開端，「是非」是智的開端。惻隱之心其實是與生俱來的「不忍人之心」，上文已論，此處不贅。「羞惡之心」即羞恥之心，「義」者宜也，可見要做適宜做的事，不義的事便不做。政客有時候會出賣國民的利益，以換取自己的政治前途，這便是不義的事。做這樣不義的事，我們便會稱他為「無恥之徒」。「辭讓之心」是有推讓之心，這是禮的開端。小孩子不爭玩具，乘坐交通工具時讓座予有需要人士，便是有辭讓之心了。「是非之心」不僅僅是我們今人狹義的聰明才智，更是明辨是非之心。不

會不分青紅皂白，不會人云亦云，那便算是有是非之心了。

　　一般人閱讀《孟子》這段文字的時候，都會將重點放在四端之上，而忘記了最後的兩句話：「人之有是四端也，猶其有四體也。」這句話帶出了四端的重要性。「四體」即四肢，孟子認為仁、義、禮、智四端，其重要性與我們的手腳不相上下。因此，人不可能沒有四端，沒有四端的就不是人。《中庸》說：「仁者，人也。」認為人而必仁方可稱人，與《孟子》所言精神一致。儒家是先秦的思想流派，不是宗教，所以沒有宗教式的信條，不會強人所難。如果是宗教學派，大可臚列出一大堆教條要人遵守，可是儒家卻只是指出有了「四端」便是人了。

　　「四端」是人皆有之的，我們都是人，自然皆當懷之。孟子生活在戰國時代，其學說不算是最受歡迎的思想體系，但當君主聽到「四端」為人之說，都不禁覺得儒家道理不難施行。這不可不說是孟子說理手段之高明。根據孟子的標準，今天我們可以製作一張「人類check-list」，將「仁」、「義」、「禮」、「智」作為選項，看看每一位朋友，甚至是在報章雜誌上看到的人物是否都符合孟子所言的準則。

「四端」須擴而充之

四端擴而充之，並持之以恆，才能令人成為一個有德之人。

四端要擴而充之，我們方是完人。孟子說：

> 有是四端而自謂不能者，自賊者也；謂其君不能
> 者，賊其君者也。凡有四端於我者，知皆擴而充之
> 矣，若火之始然，泉之始達。苟能充之，足以保四
> 海；苟不充之，不足以事父母。（3.6）

孟子認為有了四端卻自認為不行的，是自暴自棄的
人；如果認為他們的君主不能的，那便是拋棄君主的人
了。當我們明白四端為何物，便都知道要擴大充實它們，
就像火剛剛開始燃燒，泉水剛剛開始流淌。如果能夠擴充
四端，便足以安定天下，如果不能夠擴充，就連贍養父母
都成問題。我們可以視「四端」是為人的基礎，既然有了基
礎，便應好好加以發揮，成為一個有德之人。儒家強調做
事要有恆心，不要半途而廢，孟子曾在不同地方有以下的
論述：

1. 孟子曰：「有為者辟若掘井，掘井九軔而不及泉，猶為棄井也。」（13.29）

2. 孟子謂高子曰：「山徑之蹊，間介然用之而成路；為間不用，則茅塞之矣。今茅塞子之心矣。」（14.21）

3. 孟子曰：「無或乎王之不智也。雖有天下易生之物也，一日暴之，十日寒之，未有能生者也。吾見亦罕矣，吾退而寒之者至矣，吾如有萌焉何哉？」（11.9）

在這裏的三段文字中，孟子同樣強調堅持到底的重要性。在第一段文字裏，孟子認為做事好比掘井一樣，掘到六七丈深還沒有見水，仍然只是一口廢井。因此，如要掘井便應堅持到底，見水方休。同樣的道理，儒家另一經典《尚書・旅獒》說：「為山九仞，功虧一簣。」說的是堆沙成山的耐性和毅力。孔子也說：「譬如為山，未成一簣，止，吾止也。譬如平地，雖覆一簣，進，吾往也。」（《論語》9.19）孔子在這裏也是指出堅持、恆心、毅力的重要性。

在第二段文字裏，孟子認為山路最初很窄，多走以後，慢慢變成了一條路，但一時不用的話，這條路便會瞬間塞滿茅草。說的也是持之以恆的重要性。魯迅說：「其實地上本沒有路；走的人多了，也便成了路。」（〈故鄉〉）說的也是這個道理。

第三段文字裏說明的是「一暴十寒」的道理。孟子以耕種為喻，指出就算是最容易生長的植物，曬它一天，冷

它十天，這些植物都不可能再生長的。這個道理我們自然理解。春生夏長，秋收冬藏，中國古代以農立國，最重農時，陽光、雨水、泥土等各項因素皆不可忽視。今天，城市人流行家居種植，台灣人林黛羚在《這輩子一定要當一次農夫》一書中，甚至詳細介紹了「窗戶農場」的概念──在自己家中的窗戶用塑膠水瓶建構成垂直灌溉的環保耕作。可是，我們總不能對植物「一暴十寒」，這是古今不能改易的大道理。在「一暴十寒」的背後，其實也說明了持之以恆的重要性。

在我們的人生中，能夠持之以恆十分重要。如果做任何事都只有三分鐘熱度的話，做甚麼事都不會成功。舉例而言，不少都市人討厭自己的身形，覺得某某纖體專家的身體曲線一流，實在值得仿效。因此，大家都會爭相買下一大堆瘦身書，以及纖體中心、健康中心的使用券。很多時，纖體專家教大家所謂纖體的方法都是正確的，可是為何只有纖體專家能夠瘦下來，其他人的體形卻差異不大呢？原因很簡單，是我們缺乏持之以恆的耐性。要瘦身，便要做運動，動也不動是不能燃燒脂肪的。因此，如果真想纖體的話，恆心和耐性是必須的。

為甚麼會有壞人呢？

孟子認為人的不善，實在是「非才之罪」，與人的本性無關，而是因為「不能盡其才者也」。

話說回來，「四端」一定要擴而充之，持之以恆，從「仁之端」、「義之端」、「禮之端」、「智之端」，慢慢變成「仁」、「義」、「禮」、「智」，這樣擴充「四端」的路才算完成，我們方可稱之為完整的「人」。

能夠擴而充之的都成了善人，人性本善，何以會有壞人呢？孟子有這樣的解說：

> 孟子曰：「乃若其情，則可以為善矣，乃所謂善也。若夫為不善，非才之罪也。惻隱之心，人皆有之；羞惡之心，人皆有之；恭敬之心，人皆有之；是非之心，人皆有之。惻隱之心，仁也；羞惡之心，義也；恭敬之心，禮也；是非之心，智也。仁義禮智，非由外鑠我也，我固有之也，弗思耳矣。故曰：『求則得之，舍則失之。』或相倍蓰而無算者，不能盡其才者也。」（11.6）

由是觀之，這些人不善的原因並非其本性不善，而是因為「不能盡其才者也」。在這段文字裏，孟子認為從天生的性情來說，人皆可以善良，此即其所謂人性本善之說。「乃若其情」的「情」字，葛瑞漢（A.C.Graham）解作「情實」。劉殿爵教授英譯本《孟子》把此句譯作："As far as what is genuinely in him is concerned, a man is capable of becoming good."這裏也是以「情實」翻譯孟子的「情」。即使到了荊門郭店楚簡〈性自命出〉，篇中的「情」仍當解作「情實」。簡言之，如果我們可以依循與生俱來的情實，便可以成為善人了。

至於不善的人，其不善實非天生如此。惻隱、羞惡、恭敬、是非之心等四端，人皆有之。可知「仁」、「義」、「禮」、「智」是人皆應有。孟子以為「仁」、「義」、「禮」、「智」並非外在力量，而是自身固有的，只不過平時沒有想它，因而以為並不存在。追求便會得到，放棄便會失去，這是孟子在這裏強調的大道理。今天，我們都想成為善良的人，做善良的事，但又常常會給予自己不同的藉口不去做，以為社會上總會有其他人去幫助弱勢社群。但其實我們何不盡一己之本性，發揚性善之本，擴而充之呢？勿以善小而弗為，當機立斷，始於足下，我們便能發揮人性之偉大。

至於壞人的出現，便是本性未加發展的結果。孟子認為人的不善，實在是「非才之罪」，與人的本性如何無關。

試想想，即使是惡貫滿盈的罪犯，難道他在嬰孩的時候便已是作惡多端的嗎？當然不是。只是他的善端未有加以發展，長大後又誤入歧途，因而招致惡果。

人禽之辨

孟子説，人之異於禽獸者，在其有仁義禮智。仁義禮智，見於惻隱、羞惡、辭讓、是非之心。

人和動物有甚麼分別呢？或者説，人之所以為人有甚麼特質呢？人的定義，討論很多，例如：

> 「人是城邦的動物。」── 亞里士多德（Aristotle）
> 「人是雙足的無毛動物。」── 柏拉圖（Plato）
> 「人之所以為人者，非特以二足而無毛也，以其有辨也。」──《荀子·非相》

希臘先哲亞里士多德（前 384-前 322）的看法出自他的《政治學》和《尼各馬可倫理學》。「人是城邦的動物」強調人與城邦密不可分，所重在於公民參與城邦事務的必要性。柏拉圖（前 427-前 347）是亞里士多德的老師，他對於人的定義非常簡單，説是「雙足的無毛動物」。不過，這個説法是否真出自柏拉圖還是存疑，他的看法現在見於《哲人言行錄》（*Lives and Opinions of Eminent Philosophers*）第六卷第二章〈第歐根尼〉裏。這本書是第歐根尼·拉爾修（Diogenes

Laertius）撰寫的關於古希臘哲人們的傳記。全書用古希臘文寫成，成書時間大約在公元一世紀半至三世紀。有關柏拉圖的看法，中譯本如此道：

> 柏拉圖曾把人定義為雙足的無毛動物，並得到了普遍稱讚。第歐根尼便把一隻雞的羽毛拔光，拎到演講室說：「這就是柏拉圖所說的人。」結果該定義又被補充了一句，「有長長的指甲。」

現在看來，柏拉圖的看法無疑過於簡單，而且在拉爾修以前，似乎無人提及柏拉圖有這樣的看法，反而是六百年後的拉爾修卻能加以渲染。準此，柏拉圖的看法可能是出於後世的編造。荀子（前313-前238）生活在中國的戰國末年，時代比拉爾修早了許多，荀子的看法與所謂柏拉圖的顯然不同。荀子認為人之所以為人，並非單純的「雙足而無毛」，而是能有思維，即其所謂「有辨」也。荀子的看法將人的思維視為非常重要的一點，認為這是人跟其他東西相異的關鍵。《爾雅‧釋鳥》謂「二足而羽謂之禽，四足而毛謂之獸」，與荀子所言合而觀之，我們大概可以區分「人」、「禽」和「獸」。現在，我們且回到孟子來。

> 孟子曰：「人之所以異於禽獸者幾希，庶民去之，君子存之。舜明於庶物，察於人倫，由仁義行，非行仁義也。」（8.19）

　　孟子認為人和禽獸只有少許分別。「幾希」，東漢人趙岐解釋為「無幾」。這個「幾希」，一般人把它丟棄了，有德之人卻能保存下來。接着，孟子援引帝舜為例，認為舜正是能依仁義之路而行的有德君主。唐君毅〈與青年談中國文化〉指出，人禽之辨是「中國之道德倫理思想與哲學思想之最重要處」，「孟子説，人之異於禽獸者，在其有仁義禮智。仁義禮智，見於惻隱羞惡辭讓是非之心」。孟子説人和動物相差無幾，我們看起來或許覺得不可思議，難道人和黑猩猩長得很相似嗎？如果要加以比較的話，黑猩猩跟人類基因組的相似度高達 99%；你可能會説，人和猩猩相似是常識吧！可是，當我們發現人和老鼠的DNA（去氧核醣核酸）原來竟然有 95% 是相同的，「人禽之辨」的「幾希」便變得十分重要。

　　再想深一層，這個世界有喪盡天良、禽獸不如的不孝子，也有曉得報恩的義犬；有經常欺騙市民大眾的缺德奸商，也有大難當頭而永不離棄對方的義獸。人與禽的分別如果只是「幾希」，那些長着人臉的生物還可稱之為「人」嗎？

　　明末清初的顏元説：「人之異禽獸，盡人知之。其所以異禽獸者是何物事，君子之『存之』者是何工夫？人不盡知也。若出宋儒口，一派禪宗矣。而孟子歷敍舜、禹、湯、文、武、周公，則即在明倫、察物，惡酒、好善，以至兼三、施四云云也。」[2]（《四書正誤》卷六〈孟子下〉）顏元稱

讚孟子歷舉古代賢君為例，以明人禽之辨。其實，古代的賢君屈指可數，如果細說中國古代的賢君與昏君／暴君，大抵後者數量更多。

　　人和禽獸的分別看似明顯，可是細心一想，我們如果擺出儒家的道德標準，逐一量度當今社會在上位者的所作所為，有德的或許並不太多。所謂「行善最樂」，富商巨賈在捐助善款振窮周急之時，舉措低調者有限，更多的是深恐市民不知道他嘗有善行。香港不少大學的建築物或學院，都以捐款人的名字命名，但我們有沒有看見過一座「無名氏」大樓，或者一間「有心人」學院呢？有些捐款人確曾再三推卻，不要以自己或家族成員的名字來命名，可惜只屬少數，更多的是張羅旗鼓、高聲疾呼自己是「財」「德」兼備的「慈善商人」。

2　顏元所言「明倫」、「察物」，所指乃是《孟子・離婁下》（8.19）之文；至於「惡酒」、「好善」，所指則是《孟子・離婁下》（8.20）「禹惡旨酒而好善言」句。

依義行事的法則

「仁義」是孟子道德思想的核心。孟子認為「仁」存在於人的內心，「義」則是人的行為。

「義」是一個比起「仁」更難解釋、更為複雜的概念。《禮記‧中庸》說：「義者，宜也。」孟子經常將「仁」和「義」連言。孟子說：「仁，人心也；義，人路也。」（11.11）仁是人的心，義是人的路，仁是人的思想道德，而義則是將仁加以實踐的行動。「仁，人之安宅也；義，人之正路也。」（7.10）「仁」是我們的內心情感，是人類最安適的住宅；義是我們最正確的道路。甚麼是最正確、最合乎「義」的道路呢？孔子曾說：「放於利而行，多怨。」（《論語》4.12）他認為依據個人利益而行事，必會招致很多怨恨。司馬遷《史記》為孟子作傳時引用孔子的這句話，指出孟子之時自天子至平民百姓皆「好利」，沒有依義而行，怨恨遂多。

「仁義」是孟子道德思想的核心。孟子認為「仁」存在於人的內心，「義」則是人的行為，是人當行的路。因此，孟子提出了「居仁由義」的想法：

王子墊問曰：「士何事？」

孟子曰：「尚志。」

曰：「何謂尚志？」

曰：「仁義而已矣。殺一無罪非仁也，非其有而取之非義也。居惡在？仁是也；路惡在？義是也。居仁由義，大人之事備矣。」（13.33）

王子墊是齊國王子，他問孟子「士」做的是甚麼事。孟子指出「士」的工作是使自己的志行高尚，即兼有仁、義。孟子認為殺死無罪的人，是不仁；佔有不屬於自己的東西，是不義。仁是居住之地，義是行走之路。以「仁」為居所，而以「義」行之，大人（比君子層次更高）的事便齊備了。孟子經常將「義」當成當行的路，可見「義」之所重在於能「行」，即可以實踐。

我們都曾經聽過「行俠仗義」、「見義勇為」。「俠」是一些見義勇為、鋤強扶弱的人。「行俠」所指的是做見義勇為的事；至於「仗義」，即依理行事，指的是用合適的方法做應當做的事。在西方世界裏，英國民間傳說的羅賓漢（Robin Hood）便是這樣的一個人物。傳說中，羅賓漢武藝出眾、機智勇敢，仇視官吏和教士，是一位劫富濟貧、行俠仗義的綠林英雄。西方電影裏的「超人」、「蜘蛛俠」、「蝙蝠俠」通通都是這一類人物。在中國，能夠行俠仗義的，當然首推《水滸傳》裏的一百零八個英雄好漢，以及武功蓋世、《三俠五義》裏的南俠展昭。當我們研究歷史，閱讀古

書,以至看電影時,面對如斯行俠仗義的人物,總會心嚮往之。為甚麼呢?正因為在今天社會裏充滿不義之事,我們宣洩無門,只能訴諸其他媒介之上。今天,很多人上街示威、遊行、靜坐、絕食,為的是甚麼呢?就是不希望眼前所見不義之事再次發生。

在二十一世紀網絡世界發達的今天,如發生任何不義之事,在彈指之間,網民便在討論區、留言版上口誅筆伐,齊加聲討,人云亦云。是非對錯變得已不重要。然而,在古代社會,正義的俠客總會適時出現,振窮周急,輔助弱勢社群。司馬遷《史記·游俠列傳》認為游俠「其言必信,其行必果,已諾必誠,不愛其軀,赴士之阨困,既已存亡死生矣,而不矜其能,羞伐其德」。游俠樂於助人,置生死於度外,其俠義精神令人肅然起敬。

「義」與「不義」

「魚」與「熊掌」，二者不可兼得時，孟子認為只能「舍生取義」。

　　甚麼是義舉，甚麼是不義之事，在每個時代，尤其是顛沛流離、動盪不安的時候，都考驗着不少人。在《孟子》裏，「義」的具體內容頗多，分為以下幾項：

　　一、尊敬長輩。「親親，仁也；敬長，義也。」（13.15）、「義之實，從兄是也。」（7.27）這裏説「義」的主要內容是尊敬和順從兄長。

　　二、明恥知羞。「羞惡之心，義也。」（11.6）此處所指乃羞恥之心。

　　三、非有勿取。「非其有而取之非義也。」（13.33）這裏的「義」是合宜之意。

　　四、事君以忠。「未有義而後其君者也。」（1.1）、「君臣有義。」（5.4）指君臣間的禮義之道。

　　準此，孟子所言「義」包括不同內容；孟子的「義」用作規範人們的行為。孟子甚至認為「義」比人的生命還重要，當「義」與生命發生衝突時，二者不能兼得，則或要「舍

生取義」。

> 孟子曰：「魚，我所欲也，熊掌亦我所欲也；二
> 者不可得兼，舍魚而取熊掌者也。生亦我所欲也，義
> 亦我所欲也；二者不可得兼，舍生而取義者也。生亦
> 我所欲，所欲有甚於生者，故不為苟得也；死亦我所
> 惡，所惡有甚於死者，故患有所不辟也。如使人之所
> 欲莫甚於生，則凡可以得生者，何不用也？使人之所
> 惡莫甚於死者，則凡可以辟患者，何不為也？由是則
> 生而有不用也，由是則可以辟患而有不為也，是故所
> 欲有甚於生者，所惡有甚於死者。」（11.10）

在「魚」與「熊掌」二者不可兼得的情況下，孟子認為
必要作出選擇。在「生存」與「取義」二者不可兼得的情況
下，孟子認為只能「舍生取義」。犧牲生命是終極原則，我
們當然不可動輒輕生，孟子指出的這種勇氣，分外教人景
仰。古往今來，能夠稱得上「舍生取義」的，南宋末年的
文天祥（1236-1283）自是當之無愧，明末的史可法（1602-
1645）也是「舍生取義」的典範。宋亡以後，元世祖忽必烈
屢次招降，但文天祥不為所動，寫下〈過零丁洋〉「人生自
古誰無死，留取丹心照汗青」的名句，從容就義。至於史
可法，在明末時被清兵圍困揚州，多爾袞勸降，史可法致
書拒絕投降。[3] 最後抗清被俘，不屈而死。人生要面臨抉擇
的事很多，雖然未必皆是生死大事，但如果能緊記孟子的

「義」，做出最合宜的抉擇，人生或許可以過得順遂一點，
也減少了日後的遺憾。

3　此即傳頌千古的<復多爾衷書>。

何必曰利？

如果社會上人人利字當頭，社會上的公義便會蕩然無存。

了解「義」為何物以後，我們回到「義利之辨」這個課題之上。義利之辨，是孟子生活在戰國時代的重要課題。漢儒董仲舒說：「仁人者，正其誼不謀其利，明其道不計其功。」（《漢書・董仲舒傳》）誼者，義也。董仲舒認為人之行事，心必存義，依義而行，本諸道德法則，而不以利害作為決定行為的關鍵。舉例而言，我們幫助朋友時，只是出於「義」，而並不是為了「利」（沽名釣譽）。如果行為背後摻入了私利的動機，其行為雖似合乎義，卻沒有真正的道德意義。孟子如此說：

> 孟子見梁惠王。王曰：「叟！不遠千里而來，亦將有以利吾國乎？」
>
> 孟子對曰：「王！何必曰利？亦有仁義而已矣。王曰：『何以利吾國？』大夫曰：『何以利吾家？』士庶人曰：『何以利吾身？』上下交征利而國危矣。萬乘之

國，弒其君者，必千乘之家；千乘之國，弒其君者，必百乘之家。萬取千焉，千取百焉，不為不多矣。苟為後義而先利，不奪不饜。未有仁而遺其親者也，未有義而後其君者也。王亦曰仁義而已矣，何必曰利？」（1.1）

這是《孟子》開宗明義的第一章。《孟子》雖未必親出孟子之手，然觀全書首尾一貫，行文統一，則或出於孟子及其門人所訂，絕大部分內容當為孟子親見。古人編書多有深意，此章在治國層面上比對「仁義」與「利」，其實是一種仁政治民與富國強兵的分別，大抵正是《孟子》全書旨意所在。有學者分析此章之時，以為其所申述的主題是王霸之辨。然而，此章既然指出「仁義」與「利」在治國之區別，分析何者才是適合的治國方針，其實也是合宜之意。

很多人都認為香港社會以「利」掛帥，政府、大企業家都只從「利」的角度考慮一切，更遑論以仁政管治。但正如孟子所言，如果上下都只能言「利」，那麼社會上的公義便會蕩然無存。當然，在這裏的「義利之辨」，其實更牽涉「公利」與「私利」的問題。「利」不一定可恥，可恥的是當權者只顧着自己的私利，這些私利可能是俸祿、地位，甚至是當權者的政治前途。孟子曾經遊說梁惠王、梁襄王、齊宣王、滕文公、鄒穆公、魯平公等戰國時代的君主，他們都希望自己的國家可以強大起來，有的意欲擴充領土，有的只是不想滅亡。然而，絕大部分君主都將其中的「利」看

成私利，國家興亡好像只是一己之事，幾乎全然忘記平民百姓的公共利益。今天，有些政府高官推出政策，目的只是換取自己更好的政治前景；政客支持或反對政府施政，目的也只是爭取選票，在選舉以後，大多打回原形，毫無誠信可言。戰國距今二千五百多年，我們似乎一直原地踏步，「義」不敵「利」，孟子所言，比起當頭棒喝更發人深省。

如何修心養性？

君子修身，當從寡欲開始。

有性善之端，我們才有成為善人的可能。《三字經》謂：「人之初，性本善」，便源自孟子的性善論。小孩子會愛他的父母，長大以後，也會尊敬兄長。愛父母是仁，敬兄長是義，孟子認為「仁」和「義」可以通行於天下（13.15）。以小孩而論，可見善心乃是與生俱來的。做人就是要發揚善端，保存這種天賦的仁義之心，不使其泯滅。至於保存之道，孟子認為要「寡欲」，即要減少自己的欲望。

孟子曰：「養心莫善於寡欲。其為人也寡欲，雖有不存焉者，寡矣；其為人也多欲，雖有存焉者，寡矣。」（14.35）

孟子指出修養心性的最好辦法是減少欲望。一個人如果欲望很少，即使其善性或有所失，所失也不多；如果欲望很多，即使善性還有所保留，所保留的也只有少數。由是觀之，欲望少則能保存天賦良心，欲望過多的話，良心就會被湮沒。如果良心為欲望所佔據，則人將失其人道，

變得與禽獸相同。因此，君子修身，當從寡欲開始。那麼，儒家是否要求人們無欲無求呢？當然不是。所謂「寡欲」，其實只是去奢欲。儒家並不否定合理的人欲，只要不泛濫便可。及至宋代，程朱理學談「性即理」，本諸孟子而有很大不同。「存天理，滅人欲」、「革盡人欲，復盡天理」等主張，已將「理」與「欲」形成對立，這種「禁欲」思想實與孟子的「節欲」大有差異。人皆有欲望，這是社會發展進步的關鍵，所以孟子並不反對；欲望過度，人不安其分，胡思亂想，甚至胡作非為，影響別人，這才是孟子所反對。

曾經看到一個借貸公司的電視廣告，裏面的主人公因為借貸過多，債台高築，可是還想買東西、旅遊，結果這間公司可幫助他重組債務，並且批予貸款，於是主人公又再盡情消費。人的欲望應該適可而止，借貸公司這樣的宣傳手段，無疑是將不能寡欲的借貸者推向更加痛苦無助的深淵，其推銷手法實在教人寒心。

「君子」與「大丈夫」是理想的人格

君子的言語，講的雖然是平常的事情，卻蘊含着深刻的道理；君子的操守，從修養自身開始，然後才使天下太平。

「君子」指的是在位之人或有德之人，《孟子》一書共出現「君子」82次。「大丈夫」指的是有志氣而勇敢剛毅的男子，《孟子》一書中共出現「大丈夫」3次。在現代社會裏，「君子」一詞並沒有「在位之人」的意思，而是將重點放諸道德層面之上。如果以為在位之人都是有德之人，恐怕是一個頗大的誤會。要找出憂國憂民的偉大政治領袖，而且又可以令國家富強起來，放諸古今中外，真的是寥寥可數。在中國古代曾經稱帝的四百多位君主當中，有人說最好的皇帝是漢光武帝、唐太宗、宋太祖、清康熙帝，然而仔細想想，能稱得上才德兼備、正人君子，有雄才武略之餘又關懷百姓，兼且私德亦盛的，實在罕見。談到現代社會的政治領袖，我們可能會想到印度聖雄甘地（Gandhi, 1869-1948）、二次大戰時英國首相邱吉爾爵士[4]（Sir Winston

Leonard Spencer Churchill, 1874-1965）、美國黑人民權領袖
馬丁路德金（Martin Luther King, Jr. 1929-1968）等，這些
大概已經是現代偉人的代名詞。

　　君子是人格高尚的人，在《孟子》一書中有許多不同的
敍述。首先，孟子認為君子能夠堅守自己的信念和理想。
孟子説：「君子不亮，惡乎執？」（12.12）指出君子不講誠
信的話，如何能有操守？這對於經常失信的人來説，可説
是當頭棒喝。孟子説：「非禮之禮，非義之義，大人弗為。」
（8.6）似是而非的禮和義，有德行的人是不幹的。孟子所謂
「大人」，亦有德之人的意思，與「君子」相類。孟子強調君
子應該言出必行：

　　　　孟子曰：「言近而指遠者，善言也；守約而施博
　　者，善道也。君子之言也，不下帶而道存焉；君子之
　　守，修其身而天下平。人病舍其田而芸人之田——所
　　求於人者重，而所以自任者輕。」（14.32）

　　孟子謂言語淺近而意義深遠的，是善言；操守簡約
而施與廣博的，是善道。君子的言語，講的雖然是平常的
事情，卻蘊含着深刻的道理；君子的操守，從修養自身開
始，然後才使天下太平。這裏指出君子應先修養自身，先

4　2002 年，英國廣播公司（BBC）舉行了「最偉大的 100 名英國人」（100
　Greatest Britons）選舉，邱吉爾獲選為第一名。

內而後及於外。

其次，君子當能保存其赤子之心，即行善之端。赤子，指初生的嬰兒。君子偉大之處在於其能保存其初生之心。孟子曰：「大人者，不失其赤子之心者也。」（8.12）「大人」即君子，君子重在其能保存赤子之心。

> 孟子曰：「君子所以異於人者，以其存心也。君子以仁存心，以禮存心。仁者愛人，有禮者敬人。愛人者，人恆愛之；敬人者，人恆敬之。有人於此，其待我以橫逆，則君子必自反也：我必不仁也，必無禮也，此物奚宜至哉？其自反而仁矣，自反而有禮矣，其橫逆由是也，君子必自反也，我必不忠。自反而忠矣，其橫逆由是也，君子曰：『此亦妄人也已矣。如此，則與禽獸奚擇哉？於禽獸又何難焉？』是故君子有終身之憂，無一朝之患也。乃若所憂則有之：舜，人也；我，亦人也。舜為法於天下，可傳於後世，我由未免為鄉人也，是則可憂也。憂之如何？如舜而已矣。若夫君子所患則亡矣。非仁無為也，非禮無行也。如有一朝之患，則君子不患矣。」（8.28）

孟子指出君子和其他人的差異正在於其能「存心」，即存有良心。君子對於其他人的橫蠻無理，能以「仁」、「禮」、「忠」等加以反省。在「自反」過後，錯不在我，必定會說橫蠻無理的人乃狂妄無知，不用跟他計較。君子胸

襟廣闊，問心無愧，「無一朝之患」。君子應該有所擔憂，反思何以自己是人，舜也是人，舜為賢君而我不是呢？在《孟子》一書中，我們可以看見孟子經常以堯、舜為楷模，「孟子道性善，言必稱堯舜」（5.1）。堯、舜是古代聖人，似乎遙不可及，惟孟子認為只要我們努力去做，即使是堯、舜之德也是可以達到的。孟子的想法，再次證明儒家非常鼓勵行事的開端，只要願意去做，踏出第一步最為重要。孟子引顏淵曰：「舜，何人也？予，何人也？有為者亦若是。」（5.1）如果孟子將堯、舜說成遙不可及的話，那麼還有誰會實踐孔、孟的道理呢？很多事情如果連「開始」也不願意，覺得不會成功，或者害怕過程艱苦，就根本沒有成功的可能。發明家和我們的不同，正在於他們非常願意嘗試，縱使不少研究都以失敗終結，可是只要有少數成功，他們便名留青史了。孟子告訴我們，要成為君子不易，要效法堯、舜也不易，惟我與堯、舜都不過是人，為甚麼只有堯、舜才能成功呢？因此，人人可以成為君子，人人皆可為堯、舜。我們都聽過「愚公移山」的故事，愚公雖愚，但如果他沒有開始移山，哪來最後的成功呢？

知所進退

君子知所進退，適時進退也是負責任的表現。

　　君子應當知所進退，明白仕進與否的適當時候。孟子遊說諸侯，希望得到重用，能輔助時君以王天下。做官是能否救世的關鍵，可是孟子認為如果已經修身，即使不能做官，不能升遷，也不應擔憂。

　　孟子曰：「堯舜，性者也；湯武，反之也。動容周旋中禮者，盛德之至也。哭死而哀，非為生者也。經德不回，非以干祿也。言語必信，非以正行也。君子行法，以俟命而已矣。」（14.33）

　　從以上可見，聖人之行只是依循本性而行。道德修養是為了自己，而不是為了給別人看。君子依法度行事，等待命運而已。儒家經常討論甚麼時候要做官，甚麼時候要辭官，所言的正是君子的「出處去就」。

　　陳子曰：「古之君子何如則仕？」
　　孟子曰：「所就三，所去三。迎之致敬以有禮；

言，將行其言也，則就之。禮貌未衰，言弗行也，則去之。其次，雖未行其言也，迎之致敬以有禮，則就之。禮貌衰，則去之。其下，朝不食，夕不食，飢餓不能出門戶，君聞之，曰：『吾大者不能行其道，又不能從其言也，使飢餓於我土地，吾恥之。』周之，亦可受也，免死而已矣。」（12.14）

做官與否，能否得到富貴利祿，都不是君子所擔憂的。君子在意的只是做官、富貴是否合乎其道、合乎原則。如果合乎原則的話，君子自會接受相關富貴利祿。儒家並不討厭富貴，孟子在這段文字裏再次表明。

可惜，不戀棧權位，知所進退，在古今官場上卻不常見。或許，有時候真的是辭職並不困難，留下來卻需要更大的勇氣。

獨行其道的大丈夫

富貴不能淫，貧賤不能移，威武不能屈，此之謂大丈夫。

「大丈夫」指的是有志氣而勇敢剛毅的男子，在《孟子》一書中和「君子」相類。

> 景春曰：「公孫衍、張儀豈不誠大丈夫哉？一怒而諸侯懼，安居而天下熄。」
>
> 孟子曰：「是焉得為大丈夫乎？子未學禮乎？丈夫之冠也，父命之；女子之嫁也，母命之，往送之門，戒之曰：『往之女家，必敬必戒，無違夫子！』以順為正者，妾婦之道也。居天下之廣居，立天下之正位，行天下之大道；得志，與民由之；不得志，獨行其道。富貴不能淫，貧賤不能移，威武不能屈，此之謂大丈夫。」(6.2)

景春是戰國時縱橫家的信徒，所以他認為口若懸河的公孫衍和張儀可稱為大丈夫。孟子對景春所說不以為然，孟子心目中的大丈夫，應該住在天下最寬廣的住宅（仁）

裏，站在天下最正確的位置（禮）上，走着天下最光明的大道（義）。得志的時候，與老百姓一同前進；不得志的時候，獨自堅持自己的原則。富貴不能使其驕奢淫逸，貧賤不能使其改移節操，威武不能使其屈服意志。這樣的大丈夫，大抵已將四端擴充而成君子，乃可救助世人。

孟子在這裏提出的三個特徵，大丈夫是「富貴不能淫，貧賤不能移，威武不能屈」的。朱自清（1898-1948）曾有不少膾炙人口的文學作品，如〈背影〉、〈荷塘月色〉等。1948年，朱自清在〈抗議美國扶日政策並拒絕領取美援麵粉宣言〉上簽字，拒絕美國的援助。最後，朱自清因胃潰瘍而於北平醫院病逝。雖然近世有研究指出朱自清並不缺乏食物，亦非餓死，但他拒絕領取美援麵粉，已充分展示其民族氣概。

漢代的蘇武奉命出使匈奴，卻為匈奴所扣留，並多次以黃金利祿招降。但蘇武身為漢室使者，不為所動，並數次欲自殺以明節。後來，匈奴人流放蘇武至北海（今俄羅斯西伯利亞貝加爾湖），糧食短缺，蘇武卻依舊手持漢節牧羊，不降匈奴。直至漢昭帝始元六年（前81），即十九年之後，蘇武才獲釋歸漢。蘇武身居匈奴十九年，卻依然心向漢室，正是大丈夫的典範。

第二章

從家到國，以民為本

孟子生活在戰國時代，在上一章中，我們看到他的性善論，其重點是指出人人皆可為之，性善是與生俱來。為甚麼孟子不提出一些高深莫測、故弄玄虛的理論，而是倡議淺顯至極、無人不可的東西呢？答案很簡單，因為性善論並不是孟子思想的終點，他想表達的，其實是自己的治國理念。先秦諸子學派眾多，有所謂「百家爭鳴」的說法。說「百家」可能有些誇張，但是諸子周遊列國，遊說君主採用己說的情況，在春秋戰國實在是常見的。

　　漢人司馬遷的父親司馬談，曾寫下〈論六家要旨〉一文，他說：「《易大傳》：『天下一致而百慮，同歸而殊塗。』夫陰陽、儒、墨、名、法、道德，此務為治者也，直所從言之異路，有省不省耳。」司馬談先引用《周易‧繫辭傳》，認為天下人追求相同，而具體謀慮卻多種多樣；希望達到的目的相同，而採取的途徑卻不一樣。陰陽家、儒家、墨家、名家、法家和道家都是致力於如何達到太平治世的學派，只是他們所遵循的學說並不相同，有的顯明，有的不顯明罷了。從司馬談的話語裏，我們可以得見先秦諸子遊說諸侯的目的都是相同的，就是如何治國。因此，無論是儒家還是其他學派，大家關注的都只會是治國之道。是以孟子所言人皆可以性善、如何擴充四端，其實都是希望君主可以明白自己有行仁政的條件，能用王道治天下。

人 的 關 係 圈

「五倫」指的是五種倫理關係，即父子、君臣、夫婦、兄弟、朋友。

　　四端是仁、義、禮、智，上章已論。五倫是甚麼呢？孟子說：「父子有親，君臣有義，夫婦有別，長幼有敘，朋友有信。」（5.4）可見「五倫」指的是五種倫理關係，即父子、君臣、夫婦、兄弟、朋友。父子有親，說的是要父慈子孝。人們通常只會把眼光放在「子孝」之上，而忽略了「父慈」的重要性。孟子在書中多次談及帝舜和他的父親瞽瞍（7.28、9.2、9.4、11.6、13.35），舜事親至孝，人盡皆知。可是，瞽瞍並不是一個盡責的父親。透過閱讀不同的典籍，可知瞽瞍多次欲加害於帝舜。因此，瞽瞍絕對不可稱為慈父。當社會上仍然有人高聲疾呼要孝順的時候，做父親的，是否也應該反省自己有沒有克盡己任呢？中國內地曾有人做過一個小調查，隨機訪問了 30 位爸爸，調查內容是：「你每天都會陪孩子嗎？」調查後，發現每星期陪孩子的時間少於 5 小時的爸爸高達 50%，每天都能陪孩子的爸爸只有 20%。這是一個可怕的數據吧。有的爸爸早出晚

歸，沒有辦法陪伴孩子，那也只是生活逼人，無可奈何。但有些則是出外應酬，談天說地，不着邊際；即使在家中，可能也只是自顧自的，將孩子全權交給媽媽。這樣的父親實在需要檢討！如果父親未能做到「父慈」，那也很難要求兒女「子孝」了。如果父母希望子女能夠孝順的話，自己必須以身作則，成為兒女的榜樣。

父子有親

孝順父母自然是應該的，也是為人兒女的在出生以來便耳濡目染的觀念。「孝」與「養」不同。孔子認為要「敬」才算是對父母的孝。孟子也說：

> 孟子曰：「食而弗愛，豕交之也；愛而不敬，獸畜之也。恭敬者，幣之未將者也。恭敬而無實，君子不可虛拘。」（13.37）

孟子認為只是養活而不愛，那就如養豬一樣；只是愛而不恭敬，那就如養鳥養狗等畜生一樣。徒具形式的恭敬，君子不可虛留。可見孟子強調的是真心的恭敬。從前，當父母的都說要「養兒防老」，兒女也常說要「供養父母」，這裏的「養」字是甚麼意思呢？不少子女在長大工作以後，都會給父母一些家用，家用的多少當然也是因應子女的薪金而決定。可是，有時候總覺得子女關心的大多是將多少金錢給了父母，為人父母的也只是留意子女所給的

是多少錢。這種「錢」與「錢」的關係，究竟是真心的關愛，還是「養」呢？父母需要的是子女的愛，如果可以抽空多陪伴他們的話，絕對比起「家用」來得重要。

君臣有義

君臣關係，唐君毅在〈與青年談中國文化〉一文中說：「至於君臣之倫，則是就人在政治中之關係言。在現代之中國，君臣之名已廢，但其義亦未可全廢。」在辦公室裏的上司與下屬，學校裏的校長與老師，甚至是班會裏的會長與幹事，只要是有身份地位上下關係的，都可以是現代的「君臣關係」。當然，現代社會裏或許沒有了「君命不可違」，以及「君要臣死，臣怎能不死」的情況，但「上」與「下」對立的關係仍然在不同的關係裏存在。

相敬如賓

夫婦一倫，古代強調的是「相敬如賓」，現代社會可能覺得這樣未免太過客氣。可是，以禮待人並沒有錯，敬之如賓，是夫妻之間可以長久生活下去的關鍵。唐君毅說：

> 夫婦之倫之重要，在中國先哲，並不專從兒女之情上說，而是因為夫婦可以合二姓之好。通過夫婦一倫，而我們之情誼，即超越過我所自生之家庭，而貫通於另一家庭。故夫婦一倫，即家與家之連接以組織

社會之一媒介。夫婦重愛尤重敬。敬即承認對方之獨
立人格之謂。由夫婦之有愛且有敬而不相亂，是謂夫
婦有別。

唐君毅在這裏說了兩個重點，第一是夫婦合二姓之
好，第二是夫婦重愛尤重敬。所謂「合二姓之好」者，指的
是兩個家庭的結合。男婚女嫁，今天聽起來感覺是兩個人
的事情，可是在傳統的中國裏，絕對是兩個家庭的大事。
我們看看「婚姻」這兩個字在古代的解釋。《爾雅・釋親》：
「婦之父母、婿之父母相謂為婚姻。」原來有婚姻關係不是
男女雙方，而是雙方的家長。又《史記・項羽本紀》說：
「沛公奉卮酒為壽，約為婚姻。」這裏說得更明顯，我們明
白當然不會是沛公（漢高祖劉邦）和項伯（西楚霸王項羽的
叔父）結婚，指的是他們兩家兒女的婚事。在唐代的傳奇小
說裏，門第與婚姻是一個很重要的主題。不少故事的喜怒
哀樂、情節推進均源於當時的門閥制度。所以，現代人以
為婚姻是兩個人的關係，那只是一廂情願的想法而已，從
來沒有古代文獻可以支持這樣的想法。《世說新語・惑溺》
裏荀奉倩與妻子感情篤厚，妻子病熱，奉倩以身取冷而熨
之，不但未能救活妻子，自己亦因而喪命。荀奉倩如此情
深，卻只是換來時人的嘲諷，以為妻亡另娶即可，[5] 可知男

5　《世說新語・惑溺》：「荀奉倩與婦至篤，冬月婦病熱，乃出中庭自取冷，還以身
　熨之。婦亡，奉倩後少時亦卒。以是獲譏於世。奉倩曰：『婦人德不足稱，當
　以色為主。』裴令聞之曰：『此乃是興到之事，非盛德言，冀後人未昧此語。』」

女相愛並非古代婚姻所關注。因此，我們常常聽到不少家庭有婆媳糾紛，終日爭吵不已，與其經常在想如何擺脫這層關係，倒不如想想如何好好的一起生活，這才是正途。

兄友弟恭

孟子說「長幼有序」，既包括家庭內的敬兄，也包括社會上的尊長敬老。在五倫中，「長幼有序」指的是兄弟一倫，其具體關係即是「悌」，所謂「兄友弟恭」是也。《說文解字》：「悌，善兄弟也。」賈誼《新書・道術》說：「弟敬愛兄謂之悌。」前引《孟子》曾載「父母俱存，兄弟無故，一樂也」（13.20）；孟子也曾說：「老吾老，以及人之老；幼吾幼，以及人之幼。天下可運於掌。《詩》云，『刑于寡妻，至于兄弟，以御于家邦。』言舉斯心加諸彼而已。故推恩足以保四海，不推恩無以保妻子。」（1.7）孟子這裏引《詩・大雅・思齊》，詩文的意思是先給妻子做榜樣，再推廣到兄弟，再推廣到家族和國家。說的是王天下的道理，可是提及兄弟，我們便可知兄弟夾在「寡妻」與「家族國家」之間，是一個中間的層次。善待兄弟，代表着能夠跟年紀相若的人和睦共處，推言之，便是跟朋友相處一樣。至於親兄弟，其實是我們最好的玩伴，也是陪伴我們走着人生路的人。小時候或許會跟兄弟吵架、打架，到了我們明白「兄友弟恭」的道理以後，便知道兄弟是永遠在我們身邊的朋友。沒有兄弟也不要緊，多結識幾個志同道合的朋友，稱「兄」道

「弟」，人生也可以無憾。

　　朋友一倫，下文再談。

友道精神

友，不友，是自由選擇，同志同道皆可友，道不同便不相爲謀。

前面說過了五倫裏的四倫，現在再談朋友一倫。這裏再借用唐君毅先生的話：

> 中國五倫中最後爲朋友。朋友一倫，自一方面說亦是最重要的。父子兄弟之倫，乃生而即有，乃出於天。夫婦之倫一半依自然之男女之情欲，一半依於自覺之愛敬。此乃一半天一半人。而君臣朋友之倫之成立，則純由人之自覺的選擇。但人不參加政治系統，人即可與他人無確定的君臣之關係。而朋友之倫，則是人在社會中與人接觸時不可免的一倫。一切同事、同業、同志、同道，皆是朋友。中國古所謂朋友一倫中，即包括師生朋友之關係，重在以道義事業相勉。

朋友是自由的選擇，如果再正面一點說，良師益友都在這個範圍之內。孟子曾經稱讚伯夷，說他是「非其友，不友」（3.9），即不是他理想的朋友，便不去結交。我們千萬

別把伯夷看得太功利，以為他是要交一些對他仕途有幫助的人。這裏說的理想朋友，意指找一些志同道合的人當朋友。小時候，總是有些朋友喜歡一起看漫畫、砌模型、喜歡同一偶像；長大以後，可能是一起喝咖啡、泡溫泉；遇到國家大事的時候，可能是相同政見的朋友會走在一塊。「非其友，不友」，也是這個意思。《論語》裏孔子說：「道不同，不相為謀。」（15.40）說的是要結交志趣相投的朋友，孟子與此取意相同。

所謂「得一知己，死而無憾」，有能夠了解自己的朋友當然非常重要。司馬遷《史記‧刺客列傳》論及豫讓，此人能「為知己者死」，結果知其不可為而為之，屢次欲為亡主智伯而行刺趙襄子。最後，豫讓事敗，為襄子所殺。可是，他的精神可嘉，為司馬遷所稱揚。同在〈刺客列傳〉裏，司馬遷也歌頌了荊軻和高漸離的友情，「高漸離擊筑，荊軻和而歌於市中，相樂也，已而相泣，旁若無人者」。他們兩人的友情可以旁若無人，雖然聽起來有點激動，可是知音人的邂逅，實在是一生難求。人生之中，知音無幾，年輕之時，常常以為友人無數；人到中年，才發覺知己有限；年老時，驚悉知己友人逐一離去，杜甫〈贈衛八處士〉：「訪舊半為鬼，驚呼熱中腸」，便是此等無奈的悲痛。

王道之始

「養生喪死無憾，王道之始也。」孟子關懷天下百姓之心，昭然若揭。

「王道」或「王天下」[6] 是孟子在周遊列國遊說君主時，經常掛在嘴邊的口號。可是除了這些口號以外，孟子的王道治國理念並不是很具體。

> 不違農時，穀不可勝食也；數罟不入洿池，魚鱉不可勝食也；斧斤以時入山林，材木不可勝用也。穀與魚鱉不可勝食，材木不可勝用，是使民養生喪死無憾也。養生喪死無憾，王道之始也。（1.3）

孟子指出，在農民耕種收穫的季節，不去徵兵徵工妨礙生產，那糧食便會吃不盡了。不用細密的魚網到大的池沼裏捕魚，那魚類也會吃不完了。砍伐樹木有時，木材也會用之不盡。糧食和魚類吃不完，木材用不盡，這樣便使

6　據楊伯峻《孟子譯注》統計，「王」字讀作去聲，解作以德統一天下者，在《孟子》一書裏共計出現過 30 次。

百姓對生養死葬沒有甚麼不滿。這便是王道的開始。析言之，孟子在這裏強調的是取用有節。當然，這種王道之始不過是關心大自然環境，以及老百姓是否溫飽的問題而已，至於其他治國細節如何，孟子並沒有加以闡述。(有關《孟子》一書裏關心大自然的課題，我們留待下文再論。)

或者，孟子這個將愛護萬物之心擴而充之的王道思想並不具體，但還是可供今天的治國者參考。在這段文字裏，我們必然發現孟子最關注的是老百姓的溫飽。這是有國者對老百姓的基本關懷。我們的有國者能夠做到嗎？在《2008/2009年度世界城市狀況：和諧城市》的報告裏，香港是貧富懸殊最嚴重的亞洲城市。到了2013年，香港特區政府公佈首條官方貧窮線，推算香港貧困人口為131.2萬人，佔整體人口19.6%；扣除福利補助後仍有101.8萬。2012年香港四人家庭的貧窮線為月均收入1.43萬港元（1844美元；1.13萬元人民幣）。現今的香港，住屋問題亟待解決。杜甫在〈茅屋為秋風所破歌〉說：「安得廣廈千萬間，大庇天下寒士俱歡顏，風雨不動安如山！嗚呼，何時眼前突兀見此屋，吾廬獨破受凍死亦足！」杜甫慨嘆怎麼才能得到千萬間寬敞高大的房子，從而遮蔽天下貧寒的窮苦人，使之笑逐顏開！房子不為風雨所動搖，安穩得像山一樣。如果眼前出現這樣的房子，即使是自己的茅屋被吹破，受凍而死，杜甫也在所不辭！杜甫生時並不得志，可是如果他是現在負責房屋政策的高官，或許更能照顧升斗

市民的需要。我們眼前的政府，先後提出「八萬五」、「港人港地」等政策，但每次都只是侃侃而談，並未將所言付諸實行。結果，貧窮的、年輕的，妄想可以憑着一己微薄的工資而購買房子。這樣下去，我們的社會能夠正常發展嗎？社會上各階層可以沒有怨氣嗎？孟子提出的王道之始雖然不完美，但其關懷天下百姓之心卻是昭然若揭！

以有道伐無道

「以有道伐無道」方可，反之則不可。

　　周滅商後，大封諸侯。在周初封國之中，姬姓諸侯
國數量最多，《荀子‧儒效》說：「立七十一國，姬姓獨居
五十三人。」又《左傳‧昭公二十八年》說：「其兄弟之國者
十有五人，姬姓之國者四十人」，大概共封了五六十個姬姓
國。及至戰國時，只餘下實力強大的戰國七雄，以及少數
苟延殘喘的弱勢小國。最後秦一統天下，結束春秋戰國的
混亂局面。處身戰國時代的孟子，看見國與國之間延綿不
絕的戰爭，亦謂「春秋無義戰」（14.2）。然而，征伐之事仍
無日無之，孟子對戰爭的態度如何呢？甚麼才是取勝的關
鍵呢？

　　　沈同以其私問曰：「燕可伐與？」
　　　孟子曰：「可；子噲不得與人燕，子之不得受燕
　　於子噲。有仕於此，而子悅之，不告於王而私與之
　　吾子之祿爵；夫士也，亦無王命而私受之於子，則可
　　乎？──何以異於是？」
　　　齊人伐燕。

或問曰：「勸齊伐燕，有諸？」

曰：「未也；沈同問『燕可伐與』，吾應之曰：『可。』彼然而伐之也。彼如曰：『孰可以伐之？』則將應之曰：『為天吏，則可以伐之。』今有殺人者，或問之曰：『人可殺與？』則將應之曰：『可。』彼如曰：『孰可以殺之？』則將應之曰：『為士師，則可以殺之。』今以燕伐燕，何為勸之哉？」（4.8）

齊人伐燕，源於燕國內亂。燕王噲五年（前 316），王禪讓君位於宰相子之，燕國改革，國內大亂。至燕王噲七年（前 314），太子平與將軍市被起兵背叛，數月，死者數萬。及後齊宣王發兵，攻破燕國，燕王噲被殺，燕相子之逃亡，被齊人砍成肉醬。沈同是齊國大臣，他私下問孟子：燕國可否伐之。孟子以為可。此因燕王噲胡亂將國家交予子之，子之也不應該就這樣從燕王噲的手裏接受燕國。孟子並不認同這種私相授受的行為。結果，齊國發動戰爭，侵略燕國。後來，有人以為孟子勸齊伐燕，肆意發動戰爭，惟孟子並不承認自己曾有這樣的想法。孟子說，當日沈同並沒有清楚問及誰人有伐燕之權，而只問燕可否伐之。其實，孟子謂僅天吏可伐燕。所謂「天吏」者，即由上天派遣的天兵，以伐無道之人也。質言之，即以「有道伐無道」[7]方可。最後，孟子謂齊之伐燕，猶如「以燕伐燕」，

7　語出漢人董仲舒《春秋繁露》卷七〈堯舜不擅移　湯武不專殺〉。

即以暴易暴之意，然則齊國殆非「天吏」，實無權伐燕。今天，不少國家都以軍事力量解決他國的亂事，或者執法者使用過分暴力對付暴徒，以暴易暴，其實並不可取。面對暴亂之事，只有釐清根本才可解決問題。再看以下一段：

> 齊人伐燕，勝之。宣王問曰：「或謂寡人勿取，或謂寡人取之。以萬乘之國伐萬乘之國，五旬而舉之，人力不至於此。不取，必有天殃。取之，何如？」
>
> 孟子對曰：「取之而燕民悅，則取之。古之人有行之者，武王是也。取之而燕民不悅，則勿取。古之人有行之者，文王是也。以萬乘之國伐萬乘之國，簞食壺漿以迎王師，豈有他哉？避水火也。如水益深，如火益熱，亦運而已矣。」（2.10）

齊宣王問及孟子關於伐燕是否正確的問題。齊宣王自以為齊、燕實力相當，五十天便能拿下，此非人力能致，實因天命難違，方可取之。孟子的回答如何？他是否同意齊國發動戰爭呢？孟子認為，如果取燕而燕人高興的話，那取之何妨？武王伐紂便是如此。反之則不可。二國實力相匹，仍可輕易伐之，乃因百姓想避開水深火熱的日子而已。如果燕國百姓的災難加深了，那只是統治者由燕轉為齊罷了。由此可見，對於齊宣王強調燕不可不伐的說法，孟子並未認同。

仁者無敵

「仁者」是否可以「無敵」，實在難以得知。不過，孟子勸說梁惠王行仁政之心，我們卻不難理解。

我們都慶幸能避開戰亂，生活在一個相對和平的現代社會裏。可是，在世界不同的角落，仍然可以看到許多不同的戰爭。今天的戰爭，早已沒有春秋時代宋襄公「泓之戰」那種略帶憨直的元素，到處都只會是恐怖的殺人手段，致使屍橫遍野，血流成河。即使是打着「世界警察」旗號的超級大國，其實也不過是看準哪裏有戰略價值、哪裏有經濟利益而已；何來會有齊桓公「尊王攘夷」，九合諸侯，一匡天下，而不費兵車之力的大志呢！以下再看梁國之事：

> 梁惠王曰：「晉國，[8] 天下莫強焉，叟之所知也。及寡人之身，東敗於齊，長子死焉；西喪地於秦七百里；南辱於楚。寡人恥之，願比死者壹洒之，如之何則可？」

8　梁惠王就是魏惠王，這裏的「晉國」即是魏國。在出土的銘文裏，楚國亦稱「魏國」為「晉」。

孟子對曰:「地方百里而可以王。王如施仁政於民,省刑罰,薄稅斂,深耕易耨;壯者以暇日修其孝悌忠信,入以事其父兄,出以事其長上,可使制梃以撻秦楚之堅甲利兵矣。

「彼奪其民時,使不得耕耨以養其父母。父母凍餓,兄弟妻子離散。彼陷溺其民,王往而征之,夫誰與王敵?故曰:『仁者無敵。』王請勿疑!」(1.5)

梁惠王認為梁雖強大,可是打仗一敗再敗,士卒死傷無數。梁惠王詢問孟子,如何才可以為戰死者報仇雪恨。孟子認為即使是小國,仍可奉行仁政,減刑罰,輕賦稅,人民深耕細作,早除穢草;在農閒時,年輕人孝順父母,敬愛兄長,為人盡心竭力,待人忠誠,並以此侍奉父兄尊長。如此,即使只用木製武器,亦可以抵抗兵器精良的秦、楚軍隊。至於秦、楚則奪去民之農時,百姓遂不能耕種以養活父母,父母挨凍挨餓,兄弟妻子四散。秦、楚諸侯使百姓陷於水火之中,梁王前往討伐,自可輕易得之。梁王推行仁政,自是「仁者無敵」。在我們看來,「仁者」是否可以「無敵」,實在難以得知。不過,孟子勸說梁惠王行仁政之心,我們卻不難理解。

像孟子這樣「犯顏諫諍」的大臣,能夠向君主進言,固然難得。另一方面,當時孟子周遊列國,遊說諸侯,見齊王嘗託辭有疾,見梁襄王而斥之不似人君,君主不單未有發怒,仍讓孟子繼續說詞,此皆可見當時君主之氣量。後

世之王，以至今天的管治者，每欲以言論入罪抗爭之人，
打壓言論自由，真是今不如古。1948 年，聯合國大會通過
了一份旨在維護人類基本權利的文獻，名為《世界人權宣
言》(*Universal Declaration of Human Rights*)。其中第十九
條是關於言論自由的：「人人有權享有主張和發表意見的自
由；此項權利包括持有主張而不受干涉的自由，和通過任
何媒介和不論國界尋求、接受和傳遞消息和思想的自由。」
當然，言論自由是要在合法和合理的基礎上進行，否則誹
謗中傷、猥褻、威脅傷人、煽動仇恨或者侵犯版權等事自
必無日無之。

王霸之辨

「長君之惡其罪小，逢君之惡其罪大」，在古代，這種阿諛奉承的人，我們稱之為「佞臣」；今天雖無君主，但「佞臣」亦無處不在。

王道的相對是霸道。大家頗為熟悉的《孟子·齊桓晉文之事章》，起首有這樣的記載：

> 齊宣王問曰：「齊桓、晉文之事可得聞乎？」
> 孟子對曰：「仲尼之徒無道桓文之事者，是以後世無傳焉，臣未之聞也。無以，則王乎？」
> 曰：「德何如則可以王矣？」
> 曰：「保民而王，莫之能禦也。」(1.7)

孟子往見齊宣王，齊宣王見面便問他關於齊桓公、晉文公稱霸的往事。對此，孟子不願置評，他謂孔子之學生並沒有談及齊桓公和晉文公的事，所以後世也沒有流傳下來，自己亦未曾聽過。孟子能說的只有「王道」。這個說法引起了齊宣王的興趣，因而追問孟子要怎樣的道德才可以用王道統一天下。孟子謂君主能為百姓的生活安定而努

力，以此統一天下，必定無人能擋。今天，我們翻查一下
《論語》，可見孔子不單曾經討論齊桓公之稱霸，更稱讚管
仲輔助齊桓公九合諸侯而不費兵車之力。⁹可見孟子只是
故意避談齊桓、晉文之霸業，而非孔學後人全不接觸相關
知識。況且，齊桓公尚且明白「尊王攘夷」，實有可稱誦之
處。

　　孟子曰：「五霸者，三王之罪人也；今之諸侯，五
霸之罪人也；今之大夫，今之諸侯之罪人也。[……]
五霸，桓公為盛。[……] 今之諸侯，五霸之罪人也。
長君之惡其罪小，逢君之惡其罪大。今之大夫皆逢君
之惡，故曰，今之大夫，今之諸侯之罪人也。」（12.7）

　　據〈齊桓晉文之事章〉，孟子似是不屑討論五霸¹⁰之

9　《論語》全書曾四次提及管仲，分別為 3.22, 14.9, 14.16, 14.17。其中 3.22 孔子
　　批評管仲不知禮，屬負面意見；其他三次皆可見孔子對管仲的稱讚。在 14.17
　　裏，孔子將齊桓公稱霸諸侯功歸功於管仲，並認為天下百姓仍受管仲之賜。由是
　　觀之，孔子亦曾討論齊桓公的霸業。順帶一提，《論語》的可靠性一直備受質
　　疑，其中前十篇（上論）和後十篇（下論）的差異，使不少學者認為此書最少經
　　歷兩個階段才成為二十篇的模樣。今觀 14.17 對齊桓公和管仲的肯定，以及
　　「霸」諸侯的使用，則以後十篇為稍後增益的看法，似乎又多了一項證據。

10　「五霸」，據楊伯峻《孟子譯注》共有四種說法。（甲）夏代之昆吾氏，殷商之大
　　彭氏、豕韋氏，周之齊桓公、晉文公（《白虎通・號》）。但以《孟子》中「五霸，
　　桓公為盛」之語觀之，顯然此說不是孟子之意。（乙）齊桓公、晉文公、秦穆
　　公、楚莊王、吳王闔閭（《白虎通・號》）。（丙）齊桓公、晉文公、秦穆公、宋
　　襄公、楚莊王（《白虎通・號》、趙岐注同）。以《孟子》「秦穆公用之而霸」（12.6）
　　觀之，孟子所謂五霸，必是此兩說中之一。（丁）齊桓公、晉文公、楚莊王、
　　吳王闔閭、越王勾踐（《荀子・王霸》）。此說無秦穆公，當不合孟子之意。

事，然而「五霸」是否真的一文不值呢？孟子認為，「五霸」相對「三王」來說，是有罪的人；現在的諸侯，相對五霸來說，又是有罪的人；現在的大夫，相對於現在的諸侯來說，又是有罪之人。在春秋五霸之中，以齊桓公最了不起。可見孟子並不是不知道「桓文之事」的。接着，孟子再一次強調，今天的諸侯，對五霸來說是有罪之人。君主有惡行，臣下加以助長，此罪還小；君主有惡行，臣下加以逢迎，此罪則大。而當今的大夫，都迎逢君主的惡行，所以說，今天的大夫，對諸侯來說又是有罪之人。孟子雖不認同春秋五霸之功業，可是相對當時的諸侯來說，五霸已是相當不錯的了。這裏尤其可以注意「長君之惡其罪小，逢君之惡其罪大」二句。在古代，這種人阿諛奉承，我們稱之為「佞臣」。

今天雖已無真正的君主，但在政府或機構裏「佞臣」卻無處不在。

以德服人，心服口服

長治久安之道，非以王道不可。

關於王霸之辨，我們再看《孟子》另外一段文字：

孟子曰：「以力假仁者霸，霸必有大國；以德行仁者王，王不待大——湯以七十里，文王以百里。以力服人者，非心服也，力不贍也；以德服人者，中心悅而誠服也，如七十子之服孔子也。《詩》云：『自西自東，自南自北，無思不服。』此之謂也。」（3.3）

孟子在這裏明確指出何謂「王」、何謂「霸」。孟子認為用武力而假借仁義的人可以稱霸，憑藉的是強大的國力。至於用道德而實行仁義的人可以使天下歸服，憑藉的卻不一定是強大的國力——商湯在起事之初只有方圓七十里的土地，周文王只有方圓一百里。以武力征服別人的，別人並不是真心服從，只不過是力量不夠罷了；用道德使人歸服的，是心悅誠服，就像孔門七十個弟子歸服孔子那樣。在這裏，我們看到了以德服人的重要性，也明白到「王道」才是令天下長治久安的唯一方法。

　　雖然沒有人真的採用孟子的王道主張，後世的統治者也沒有真正的以儒家治國，但是孟子說以武力服人並不可以使人心悅誠服，卻是屢有證明的。秦始皇以一國之力，終止了東周以來數百年的亂局，一統天下。統一六國之時，秦軍所向披靡，秦滅六國之戰只用了十年時間，先後消滅韓、趙、魏、楚、燕、齊六國。可是，秦始皇一統天下後，仍征百越、開馳道、建宮殿，不能與民休息。及至陳勝反於大澤鄉，士無不起，爭殺秦廷。項羽、劉邦繼陳勝而起，最後劉成項敗，高祖劉邦建立漢室，天下再歸於一統。不能明白守國之道，為秦代速亡之主因，漢代賈誼的〈過秦論〉便有詳盡的討論。在整個漢代，士大夫很多時都將秦代速亡掛在口邊，希望漢代君主可以明白攻守相異之道。在今天看來，霸道可助攻城野戰、開拓疆土是無可否認的；然而，如果國家希望長治久安的話，孟子的王道便十分重要了。

「為民制產」是施政的根本

「衣食足則知榮辱」，為民制產，老百姓得到溫飽，才能談禮義廉恥的事。

在古代的中國，老百姓要生活得好，只能期望有國者能愛民如子。而老百姓最關心的事，當然是生活能否溫飽，此亦是統治者應當優先處理的問題。

> 曰：「無恆產而有恆心者，惟士為能。若民，則無恆產，因無恆心。苟無恆心，放辟邪侈，無不為已。及陷於罪，然後從而刑之，是罔民也。焉有仁人在位罔民而可為也？是故明君制民之產，必使仰足以事父母，俯足以畜妻子，樂歲終身飽，凶年免於死亡；然後驅而之善，故民之從之也輕。」（1.7）

這是孟子與齊宣王對話的節錄。孟子認為沒有固定的產業收入卻有固定的道德觀念，只有讀書人才能做到，至於一般老百姓，如果沒有固定的產業收入，也就沒有固定的道德觀念。一旦沒有固定的道德觀念，那就會胡作非為，甚麼事都做得出來。等到他們犯了罪，然後才去加以

處罰，這等於是陷害他們。哪裏有仁慈的人在位執政卻去陷害百姓的呢？所以，賢聖名君制定產業政策時，一定要讓老百姓上足以贍養父母，下足以撫養妻兒；好年豐衣足食，壞年也不致餓死。然後督促他們走善良的道路，老百姓也就很容易聽從了。大意是想勸告統治者，要為人民着想，協助他們有穩定的土地耕作以從事生產和養家，社會才能穩定。孟子這種想法，與《管子‧牧民》所言「倉廩實則知禮節，衣食足則知榮辱」可謂如出一轍。由此可見，統治者治國的第一步是要讓百姓得到溫飽，然後才能談禮義廉恥的事。

今天的香港社會，不再是以農業為主，政府為香港市民所做的，不必只是解決土地耕作等問題。在失業率高企的時候，政府需嘗試創造大量就業機會，讓市民能夠重新就業，脫離貧窮。

在《2007 至 2008 年度香港行政長官施政報告》裏，時任特首的曾蔭權提出了「十大建設，繁榮經濟」的概念，在其五年任期內致力推動十大建設工程。計劃預算耗資逾 2,500 億港元，全面落成後可以為香港經濟每年創造逾 1,000 億元的增加值及逾 250,000 個就業機會。這些就業機會，可說是「為民制產」的例子。當然，這十大工程後來超支情況亦相當嚴重。惟推動大型基建，增加就業機會，便是「為民制產」的現代示例。

與民同樂

「獨樂樂不如眾樂樂」、「先天下之憂而憂,後天下之樂而樂」,為民父母宜能有這樣的想法,正是對孟子所論的發揮。

　　孟子認為,君主所見所想應皆及於人民,與百姓憂苦與共。好的君主,更要做到「與民同樂」。以下為孟子與齊宣王的對話:

　　　莊暴見孟子,曰:「暴見於王,王語暴以好樂,暴未有以對也。」曰:「好樂何如?」
　　　孟子曰:「王之好樂甚,則齊國其庶幾乎!」
　　　他日,見於王曰:「王嘗語莊子以好樂,有諸?」
　　　王變乎色,曰:「寡人非能好先王之樂也,直好世俗之樂耳。」
　　　曰:「王之好樂甚,則齊其庶幾乎!今之樂由古之樂也。」
　　　曰:「可得聞與?」
　　　曰:「獨樂樂,與人樂樂,孰樂?」
　　　曰:「不若與人。」

曰：「與少樂樂，與眾樂樂，孰樂？」

曰：「不若與眾。」〔……〕

「……今王與百姓同樂，則王矣。」（2.1）

　　齊宣王問莊暴關於喜好音樂之事，並問及喜好音樂是好是壞。莊暴不懂如何回答，遂請教孟子。孟子認為齊王如果非常喜好音樂，便可好好的管治齊國。及後孟子覲見齊王，齊王表明自己所喜好的不過是世俗流行的音樂罷了，而非先王之雅樂。可是，孟子說，齊王如能喜好音樂，那麼齊國便可治理得不錯了，喜好雅樂和俗樂其實是差不多的。孟子這樣的詮釋引起了齊王的興趣，齊王卻不明白箇中道理。孟子因勢利導，遂問齊王，謂一人欣賞音樂快樂，抑或與他人一起欣賞音樂更快樂。又問齊王，謂少數人一起欣賞音樂快樂，抑或與多數人一起欣賞音樂快樂。齊王回答，與多數人一起欣賞音樂最為快樂。最後，孟子指出齊王能與百姓同樂，就可以使天下歸服了。

　　當然，統治者或高級官員所謂的「與民同樂」，其實也不過是一些政治手段，增加自己的政治籌碼，提高管治威信而已。有時候，我們會見到管治者走訪社區，探訪低下階層，或者是吃蛋撻、喝涼茶，或者是穿着運動服去跑步，感覺很是親切，卻更多的是像在演戲。然而，人類總是情願相信謊言的，政治家的「騷」（show），做了總比不做的好，起碼也是一點點的付出。或許，「與民同樂」本來就是一個美麗的謊言。

　　在另一段文字裏，孟子指出：「樂民之樂者，民亦樂其樂；憂民之憂者，民亦憂其憂。樂以天下，憂以天下，然而不王者，未之有也。」(2.4) 這是何等高尚的情操！如果統治者都有這樣的想法，以百姓之憂樂為自己的憂樂，那真的是百姓之福！後來有北宋范仲淹〈岳陽樓記〉：「先天下之憂而憂，後天下之樂而樂」，以及歐陽修〈醉翁亭記〉的「太守之樂」，為民父母官能有這樣的想法，正是對孟子所論的發揮。我們的高官如能多為百姓謀福祉，建設社區，便是港人之福了。

民貴君輕的民本思想

所謂「民本」者，即以民為本也；而民主則是讓老百姓自己當家作主，統治者按百姓的意願而選出。

現在，世界上的不同地方都在體現着不同程度的民主，或許民主不一定是最好的治國方案，然而，在人權意識愈益高漲的社會裏，民主即使不一定帶來最好的經濟發展，但命運在我手總比縛手縛腳的生活更令人嚮往。

在古代中國，孟子提出了明確的民本思想，這種思想距離民主很遠，但也算是一種重視黎民百姓的表現。讓我們看看孟子的論述：

> 孟子曰：「民為貴，社稷次之，君為輕。是故得乎丘民而為天子，得乎天子為諸侯，得乎諸侯為大夫。諸侯危社稷，則變置。犧牲既成，粢盛既絜，祭祀以時，然而旱乾水溢，則變置社稷。」（14.14）

孟子指出百姓最為重要，土穀之神次之，君主為輕。所以得着百姓的歡心便做天子，得着天子的歡心便做諸侯，得着諸侯的歡心便做大夫。諸侯危害國家，那就改

立。犧牲既已肥壯，祭品又已潔淨，也依一定時候致祭，但是還遭受旱災水災，那就改立土穀之神。在「民」、「社稷」、「君」三者之中，孟子說「民」最重要，這便是孟子民本思想的依據。所謂「民本」者，即以民為本也。民本與民主最大的分別在於甚麼呢？民主是讓老百姓自己當家作主，統治者按百姓的意願而選出。民本是以民為本，誰人以民為本呢？當然是君主了。因此，民本即君主施政當以民為本之意。孟子這句話似乎沒有特別的受眾，惟古人著述，其目的多在進諫主上。因此，孟子之言民本，所針對的其實還是當時的諸侯。

　　民本和民主雖然還有很大的差異，但孟子能夠提出以民為本，極具時代意義。在我們生活的香港，民主與否姑且不論，但就以民為本的民生政策而言，似乎也有許多改善的空間。然而，政府高官以至行政長官每每強調施政必然以民為本，大概民本已經演變為一句口號。舉例而言，香港特區行政長官在 2013 年 7 月 1 日香港特別行政區成立 16 周年酒會的致辭，指出「政府會繼續穩中求變，務實進取，以民為本，在政治、社會、經濟和民生各方面取得更大的進展」。年復一年，政府施政以民為本的成分究竟有多少呢？百姓對此又是否滿足呢？孟子距今已經二千多年，統治者似乎還在找尋着治國之道，而以民為本一直是尋找的一個方向。

消滅暴君的勇氣

破壞仁愛者謂之「賊」，破壞道義者謂之「殘」。此等
人只堪稱之為「獨夫」。暴君在位，便不需要恪守君臣
之義，臣之誅君可也。

> 齊宣王問曰：「湯放桀，武王伐紂，有諸？」
>
> 孟子對曰：「於傳有之。」
>
> 曰：「臣弒其君，可乎？」
>
> 曰：「賊仁者謂之『賊』，賊義者謂之『殘』。殘
> 賊之人謂之『一夫』。聞誅一夫紂矣，未聞弒君也。」
>
> （2.8）

「民本」是以民為本，「民主」則由人民當家作主，二者
分別極大。那麼，暴君在位，百姓應如何自處，自然成為
一個重要的議題。如果我們說孟子的民本思想只是「以民
為本」，沒有絲毫的民主元素，其實也不正確。以上一段孟
子與齊宣王的對話，便被明太祖朱元璋下令刪除。[11] 在這

---

11 明代《孟子節文》卷一〈梁惠王章句〉只存六章（今本《孟子》原有二十三章），
並無此章之文，蓋刪。今《北京圖書館古籍珍本叢刊》第一輯便有明初刻本縮
印《孟子節文》七卷，可參。

裏，齊宣王問孟子關於商湯流放夏桀、周武王討伐殷紂之
事，認為此皆以下犯上，乃臣下弒主。孟子不以為然，謂
破壞仁愛者謂之「賊」，破壞道義者謂之「殘」。此等人只堪
稱之為「獨夫」。因此，孟子認為周武王誅殺了「獨夫紂」，
而非弒君。其實，武王伐紂，本質上便是「以下犯上」，乃
弒君的舉動。孟子不單未加否定，反而加以認同。誠然，
我們今天所謂紂為暴君，不過是歷史沉澱以後轉化而成的
典型。[12] 然而對臣下弒君表示認同，孟子的膽子也是相當之
大。

　　孟子所言在今天看來，仍然是先進的。在歷史的洪流
中，經過了無數次的改朝換代，其中不少正是屬於這種「以
下犯上」，以有道誅無道的舉動。「以下犯上」，在中國人的
社會裏，仍被視為大逆不道之事。孟子能夠不畏強權，說
出如此之事，其勇氣實在教人景仰！明末清初的黃宗羲寫
下《明夷待訪錄》一書，其中〈原君〉便將孟子的思想加以
發揮。其言曰：

　　　　古者天下之人愛戴其君，比之如父，擬之如天，
　　誠不為過也。今也天下之人怨惡其君，視之如寇讎，
　　名之為獨夫，固其所也。而小儒規規焉以君臣之義
　　無所逃於天地之間，至桀、紂之暴，猶謂湯、武不當

12　顧頡剛〈紂惡七十事發生的次第〉便指出紂之惡行乃層層累積而成，而非紂本如
　　是，其言可參。

誅之，而妄傳伯夷、叔齊無稽之事，使兆人萬姓崩潰
之血肉，曾不異夫腐鼠。豈天地之大，於兆人萬姓之
中，獨私其一人一姓乎？是故武王聖人也，孟子之言
聖人之言也。後世之君，欲以如父如天之空名，禁人
之窺伺者，皆不便於其言，至廢孟子而不立，非導源
於小儒乎！

這裏借孟子之言，指出天下不一定是一人一姓的，如
有暴君在位，便不需要恪守君臣之義，臣之誅君可也。在
千百年來都是家天下的中國社會裏，黃宗羲所言自是與別
不同，教有國者汗顏！

第三章

春風化雨

我們在前面的章節討論到孟子的性善論，可見孟子強調人皆有行善的先在條件，即所謂「善端」。然而，「端」也者，即表明僅為仁、義、禮、智的開端。「四端」必須擴而充之，才可成為善人。如何可以令到「四端」擴而充之呢？最直接的方法便是透過教育。

儒家是中國的思想學派，它並不是宗教信仰。除了因為儒家沒有神以外，通過教育可以令人改過遷善也是它不入宗教範疇的重要原因。相對於教條森嚴的宗教思想而言，儒家每多將事情簡單化，務求令儒家思想可受重用。孔子説：「仁遠乎哉？我欲仁，斯仁至矣。」（《論語》7.30）在《論語》裏，「聖」是難以做到的，而「仁」則是最高的道德範疇。在前面的章節也曾指出，孔子是不輕易以「仁」嘉許的，[13] 如果「仁」與我們距離不遠，「我欲仁，斯仁至矣」，成為有德仁人的機會便大大增加。至於孟子，援引顏淵的説話，謂：「舜，何人也？予，何人也？有為者亦若是。」（5.1）認為只要努力的話，人人也可以成為聖人賢君。因此，孟子指出「人皆可以為堯舜」（12.2），拉近了我們與堯、舜的距離，彷彿我們也可以成為仁人。

儲子曰：「王使人瞷夫子，果有以異於人乎？」

孟子曰：「何以異於人哉？堯舜與人同耳。」（8.32）

儲子是齊國人。齊王派儲子窺探孟子，以知孟子有否獨特之處。孟子認為自己沒有與別人不同的地方，即使是

---

13 《論語》裏孔子嘉許為仁者只有七人，分別是箕子、微子、比干、伯夷、叔齊、管仲、顏淵。

堯、舜，也與一般人無異。此亦人人可成堯舜的變奏。當然，要成為堯、舜看似簡單，但要用甚麼方法才可以成為堯、舜呢？答案自然是透過學習。很多人都說儒家思想是一套「知易行難」的學說，但觀孔、孟所言，似乎並非如是。當然，容易與否，因人而異，然而儒家以教育的形式指示了成仁成聖的道路，卻是不爭的事實。

今天，青年人都要接受教育，無論是幼稚園、小學、中學，甚至是大學，我們學習的絕大部分是學科知識。關於德育方面的，學歷愈高，所學愈少。在香港的大學裏，不少校訓都是來源自四書五經，校訓的內容多是強調學業努力和德育教化兩方面。然而，大學裏很少有機會教育學生在成德方面多作努力，師生之間、學生之間只能通過非形式的方法提升一己的道德水平。舉例來說，香港中文大學的校訓是「博文約禮」，在大學裏「博文」固然做了不少，「約禮」做到的又有多少呢？在我們要求學生的知識水平要與時並進、與日俱增的同時，對道德水平的要求又是如何呢？這實是值得教育工作者深思的問題。

孟母三遷與環境教育論

現代版的孟母，會為了兒女着想，不惜代價搬到名校區居住。然而，父母對子女的關愛，比起將房子搬到名校區更為重要。

我們很容易受周遭的環境影響。「人非草木，孰能無情」，身邊出現的人和事，哪怕是季節的變化，人事的變遷，皆使我們有所感、有所受。《文心雕龍・物色》說：「春秋代序，陰陽慘舒，物色之動，心亦搖焉。」指出春夏秋冬依次交替，陰氣沉鬱陽氣舒展；四季景物的變化，使人的心情也隨之波動。不單天氣氣候對我們有所影響，我們生活的環境亦然。孟母對孟子影響深遠，最為人熟悉的自然是孟母三遷的故事。

> 鄒孟軻之母也。號孟母。其舍近墓。孟子之少也，嬉遊為墓間之事，踴躍築埋。孟母曰：「此非吾所以居處子也。」乃去，舍市傍。其嬉戲為賈人衒賣之事。孟母又曰：「此非吾所以居處子也。」復徙舍學宮之傍。其嬉遊乃設俎豆，揖讓進退。孟母曰：「真可以居吾子矣。」遂居之。及孟子長，學六藝，卒成大儒

之名。君子謂孟母善以漸化。（《列女傳‧母儀‧鄒孟軻母》）

這個故事見於漢代劉向所編的《列女傳》。在漢代以前，並沒有相關的故事，究竟是孟母真有如此事蹟，抑或是孟子後學根據孟子的環境教育論而編造出來，實在不得而知。在這個故事裏，孟家最初居住的地方離墓地很近，孟子學了些喪葬、蹦蹐痛哭這樣的事。孟母認為這樣的地方不適合孩子居住，就將家搬到街上，離殺豬宰羊的地方很近，孟子學了些做買賣和屠宰的事。孟母認為這樣的地方還是不適合孩子居住，又將家搬到學宮旁邊。孟子學了些行禮跪拜、揖讓進退之事。孟母認為這才是適合孩子居住的地方，於是便定居下來。孟子長大以後，學習六藝，成為當世大儒，這都是孟母教化的功勞。

今天，我們常常聽到有現代版的孟母，她們都說為了兒女着想，不惜代價搬到名校區居住。現代版的孟母三遷在香港比比皆是，不少父母不惜「報假地址」，或是以高昂代價搬進名校區，希望子女可以在派位機制上突圍，該區的樓價也因鄰近名校而上升。其實，甚麼因素對子女的學業影響最大呢？絕對不是名校與否，而是父母的關懷與教導。父母對子女的關愛，比起將房子搬到名校區更為重要。不少人為了搬往名校網居住，結果要節衣縮食，降低生活質素，甚至為了賺取更多工資而犧牲與子女相伴的時間，是否值得，真的見仁見智。

不要一暴十寒

環境因素雖然重要，但也必須付出時間，堅持不懈，否則三心兩意，舉棋不定，也會一事無成。

　　孟子曰：「無或乎王之不智也。雖有天下易生之物也，一日暴之，十日寒之，未有能生者也。吾見亦罕矣，吾退而寒之者至矣，吾如有萌焉何哉？今夫弈之為數，小數也；不專心致志，則不得也。弈秋，通國之善弈者也。使弈秋誨二人弈，其一人專心致志，惟弈秋之為聽。一人雖聽之，一心以為有鴻鵠將至，思援弓繳而射之，雖與之俱學，弗若之矣。為是其智弗若與？曰：非然也。」（11.9）

　　環境影響不是一兩天的事，而是日積月累的。我們如果想要利用周遭環境改變人的性情，必須付出時間，堅持不懈，如果「一日暴之，十日寒之」的話，那便是徒勞無功了。孟子認為即使是天下最容易生長的植物，曬它一天，又凍它十天，沒有能夠生長的。孟子指出自己和君主相見得太少了。孟子一離開君主，奸邪之人便往侵佔，君主即使有一點善良之心也被邪人凍殺了。孟子再舉下棋為例，

指出若不專心致志地學習，也是學不會的。弈秋是當時全國聞名的棋手，叫弈秋同時教兩個人下棋，其中一個專心致志，只聽弈秋的話；另一個雖然也在聽，但心裏面卻老是覺得有天鵝要飛來，一心想着如何張弓搭箭去射牠。這個人雖然與專心致志的那個人一起學習，卻比不上那個人。是因為他的智力不如那個人嗎？當然不是，可見專心致志的重要性。

　　做事的時候專心致志，心無雜念，乃是成功的關鍵。這裏指的不僅是讀書求學，即使是我們的工作事業，專心致志同樣重要。台灣著名食店「鼎泰豐」的老闆楊紀華說：「一輩子只專心做好一件事，你會從中找到興趣、產生熱情！」諾貝爾經濟學獎得主哈伯特‧西蒙（Herbert A. Simon）在 1971 年便說：「資訊消耗了甚麼是顯而易見的，它消耗了接收者的注意力。豐富的資訊，造就了注意力的缺乏。」在資訊爆炸的今日，只要手邊拿着智能電話、平板電腦，便很難專心地完成本欲完成的事情。清人曾國藩說：「坐這山，望那山，一事無成。」用以比喻不肯專心做事，反而好高騖遠，結果一事無成。專心確是做事成功的關鍵。

　　環境因素雖然重要，但如果三心兩意，舉棋不定，今天喜歡這樣，明天喜歡那樣的話，同樣也是一事無成的。

後天學習一：養浩然之氣

如果我們能夠跟正義的人相處、學習，整個人生的氛圍都在正義之中，那麼浩然之氣必可成。

在環境影響論以外，孟子更為重視後天的學習。透過學習，我們才可以將善端彰顯出來，擴而充之。如果儒家強調的只有先天的影響，那麼其道理將難以遵從；可是，當後天影響更為重要的時候，便表示先天條件都不及後天努力學習來得重要。當然，孟子所言的學習，並不是我們所說的讀書識字，而是培養一種盛大流行的「氣」。

（孟子）曰：「我知言，我善養吾浩然之氣。」

（公孫丑）「敢問何謂浩然之氣？」

（孟子）曰：「難言也。其為氣也，至大至剛，以直養而無害，則塞於天地之間。其為氣也，配義與道；無是，餒也。是集義所生者，非義襲而取之也。行有不慊於心，則餒矣。我故曰，告子未嘗知義，以其外之也。必有事焉，而勿正，心勿忘，勿助長也。無若宋人然：宋人有閔其苗之不長而揠之者，芒芒然

歸，謂其人曰：『今日病矣！予助苗長矣！』其子趨而
往視之，苗則槁矣。天下之不助苗長者寡矣。以為無
益而舍之者，不耘苗者也；助之長者，揠苗者也──
非徒無益，而又害之。」（3.2）

在這裏，孟子認為自己善於分析別人的言辭，也善
於培養自己的浩然之氣。公孫丑不明白，遂問孟子何謂浩
然之氣。孟子謂此氣難以言明。浩然之氣是最偉大和剛
強的，要用正義去培養它，一點不加傷害，此氣便會充滿
上下四方，無所不在。浩然之氣，必須與義和道配合；
缺乏它們，就沒有力量了。浩然之氣，是正義經常積累而
產生的，不是偶然的正義行為所能獲取。只要做一件於心
有愧的事，浩然之氣便會疲軟了。在此段對話以前，告子
曾說義是心外之物，但孟子並不贊同。孟子認為義是心
內之物，一定要培養它，但不要有特定的目的；時時刻刻
地記住它，但是也不能違背規律地幫助它生長。孟子舉
了一個例子，指出宋國有一個擔心禾苗不長而去把它拔高
些的人，十分疲倦地回家，向家裏的人表示自己幫助禾苗
生長。他的兒子聽了後，趕緊到田裏看，發現禾苗都枯槁
了。孟子認為天下的人都喜歡揠苗助長，以為培養的工作
沒有益處而放棄不做的，就是種田不鋤草的懶漢；違背規
律地幫助它生長的就是拔苗的人。這種助長的行為，不但
沒有益處，反而會造成傷害。

在這段文字裏，我們看到了浩然之氣的重點。首先，它是充滿在天地之間，一種十分浩大、十分剛強的氣。其次，這種氣是用正義和道德日積月累形成的；反之，如果沒有正義和道德存儲其中，它也就消退無力了。所謂浩然之氣，就是剛正之氣，乃人間之正氣。孟子認為人有了浩然之氣，在誘惑、威脅之前，都能處之泰然而「不動心」。如果我們能夠跟正義的人相處、學習，整個人生的氛圍都在正義之中，那麼浩然之氣必可成。簡言之，我們身邊的人和事，對我們影響至鉅。

試想想，我們習與善人相處，受其薰染，必可成為善人。反之亦然。保持浩然之氣不失，我們才有成德的可能。

後天學習二：存心養性

「存心養性」，就是要保存赤子之心，修養善良之性。

> 孟子曰：「盡其心者，知其性也。知其性，則知天矣。存其心，養其性，所以事天也。夭壽不貳，修身以俟之，所以立命也。」（13.1）

孟子認為充分運用心靈思考的人，是知道人的本性的人。知道人的本性，就知道天命。保持人的本心，培養人的本性，這就是對待天命的方法。無論短命還是長壽都一心一意地修身以等待天命，這就是安身立命的方法。孟子在這裏特別提及「存心養性」的問題。「存心養性」，就是要保存赤子之心，修養善良之性。孟子道性善，在他看來，孩提之時我們便有着各種善端，若能保善端不失，即表明我們可以擴而充之，成為善人。明代末年，李贄提出了「童心說」，[14] 認為文學必須真實坦率地表露作者內心的情感和人生的欲望。作家要保持童心，使文學存真去假，不再受

14　明代李贄〈童心說〉，見其《焚書》卷三，乃一篇散文。

當時道學的影響，其實亦是「存心養性」的另一種反映。

年輕的時候，人總是希望自己快些長大，不用再受各種束縛。可是，成年人卻十分緬懷孩童時候的生活。在成長的過程中，世事紛陳，俗務擾人，要遺世獨立並不容易，於是我們都只能生活在人生的樊籠裏，營營役役。人要保存赤子之心並不容易，如果人到中年，還有一樣東西是可貴的話，那一定便是赤子之心了。在工作忙碌、生活逼人的時候，我們的赤子之心早就跑到九霄以外了。不過要找回赤子之心的契機還是有的。當父母的都會知道，每跟兒女互動的時候，看到他們的一舉一動，自己的童心便會跑出來，彷彿又回到小時候。有人說，照顧兒女，跟小朋友一起成長，是重新看到了自己的童年，這話一點也沒錯。閒來的時候，做一些小朋友才做的事情，看卡通、讀漫畫、砌模型，在生活中回歸童真，從不同的角度審視這個世界，生活必可趣味盎然。

後天學習三：多作反省

任何行為如果沒得到預期的效果都要反躬自省，自己端正了，天下的人便會歸向自己。

> 孟子曰：「萬物皆備於我矣。反身而誠，樂莫大焉。強恕而行，求仁莫近焉。」（13.4）

在學習的過程中，通常強調的是學到甚麼新的東西，其實能夠反躬自省、多作回顧是十分重要的。在以上一段文字裏，孟子指出萬物我都具備了。反躬自問誠實無欺，便是最大的快樂。盡力按恕道辦事，便是最接近仁德的道路。儒家教學，貴能自省，曾子說：「吾日三省吾身。」（《論語》1.4）說的是每天從多角度自我反省。「誠」是對人要講求誠實信用。漢人趙岐說：「反自思其身所施行，能皆實而無虛，則樂莫大焉。」如果我們能就所學多作反省，自得必多，而學益能進矣。儒家亦強調「恕」，指人應具有同理心。「推己及人」、「己所不欲，勿施於人」（《論語》15.24）等皆由此引申而來。孟子所說的是通往「仁」的道路，如能按此而行，必可得之。

反省是學習的重要過程。舉例而言，測驗考試成績未

如人意，如能就所學多作反省，反問自己的不足，即使再次面對相同的問題，也會有更好的解決方法。又如在考試時，當完成考卷後，老師總是希望考生可以仔細看看自己的答案，再三檢驗，方才呈上考卷。這種做法其實也是反省，可讓考生思考答案的對錯。

反省也有助我們明辨是非。再看孟子的說法：

> 孟子曰：「愛人不親，反其仁；治人不治，反其智；禮人不答，反其敬——行有不得者皆反求諸己，其身正而天下歸之。」（7.4）

孟子指出，我愛別人，可是別人不親近我，那便要反問自己，是我的仁愛不足夠嗎？我管理別人，可是沒管好，那便要反問自己，是我的智慧和知識不足夠嗎？我有禮貌地對待別人，可是得不到相應的回答，那便反問自己，是我的恭敬不足夠嗎？任何行為如果沒得到預期的效果都要反躬自省，自己端正了，天下的人便會歸向自己。這裏的「反」都是反省的意思，可見在不同情況之下，都貴能反躬自省。不少人每年都會訂下「年度目標」，並向此奮進。一年過後，我們有為這些目標深入反省、回顧嗎？反省可助我們知不足，加以改善，為未來的成功奠下更好的基石。

反省並不是孔、孟儒家哲學的專利，世界各地成功人士皆會對自己的行為多所反省，令自己更加成功。古希臘

哲學家蘇格拉底（Socrates，前 469-前 399）說：「沒有經過反省的人生，是不值得活的人生。」[15] 美國作家的馬克・瓦恩加德納（Mark Winegardner，1961-）說：「只要你發現自己是站在多數人的一邊，那就是該停下來反省一下的時候了。」或許，有時候可以換轉思考的角度，從少數人的一邊出發。有人說，人可以分成三類──先知先覺、後知後覺、不知不覺。先知先覺不消說自是聰明人，後知後覺是一般的普通人，而不知不覺則是愚昧無知的人。「覺」是「醒悟」的意思，所以三類人的分別正是反省的先後有無，和不同的結果。

15　蘇格拉底沒有著作流傳下來，此話語出自柏拉圖記錄的《自辯辭》。

孟子的教育理想一：
得天下英才而教育之

孟子的「得天下英才而教育之」，推行精英教育，有其時代之意義。

　　普及教育是今天的重要教育政策，其目標是要讓適齡的人都能受到適當的教化。以香港的情況為例，從二十世紀六十年代末到八十年代，香港教育由精英篩選推廣到普及教育，是一種由質到量的轉移。在 1965 年，香港政府發表《教育政策白皮書》，提出普及小學義務教育和擴大中學教育。1971 年，香港開始實施六年免費義務教學，並於 1978 年實行九年免費教育。在八十年代中期以後，香港教育發展的重點便在高等教育的體制上。從 1990 年至 1995 年間，學士學位課程第一年的學額增加了一倍有多，約至 15,000。可是，這種增加似乎還未停止，在 2013 至 2014 年度，適齡學生入讀公帑資助學士學位課程的比率是 23%，加上自資課程，整體的入讀率達到 38%，如果連同副學位課程一併計算，多達七成的青年人有機會接受專上教育。

　　在孟子的時代，普及教育是一件不可能的事，孟子支持的是精英教育：

　　　　孟子曰：「君子有三樂，而王天下不與存焉。父母俱存，兄弟無故，一樂也；仰不愧於天，俯不怍於人，二樂也；得天下英才而教育之，三樂也。君子有三樂，而王天下不與存焉。」（13.20）

　　孟子認為君子有三種樂趣，第一種是父母健康，兄弟無災患；第二種是抬頭無愧於天，低頭無愧於人；第三種是得到天下優秀人才而對他們施教。這三種樂趣，並不包括以德服天下。大家或許會覺得孟子所說只是對小部分人進行的精英教育，因而不以為然。然而，在春秋戰國時代，教育並未普及，孔子始開平民教學之風，「自行束脩以上，吾未嘗無誨焉」（《論語》7.7），擴大了平民接受教育的機會。可是平民教育仍不等於普及教育，有人曾經推算，中國古代的文盲率接近九成，即使到了1949年中華人民共和國建國之初，文盲率仍高達八成。因此，當孟子提出精英教育時，我們也無須感到訝異。

孟子的教育理想二：
君子之所以教者五

因材施教，各盡其情，建立學生的品德，才是教育之道。

> 孟子曰：「君子之所以教者五：有如時雨化之者，有成德者，有達財者，有答問者，有私淑艾者。此五者，君子之所以教也。」（13.40）

孟子指出君子教人的方式有五種：有像及時的雨水那樣沾溉萬物的，有成全品德的，有培養才能的，有解答疑問的，還有以流風餘韻為後人所私自學習的。這裏是說君子施教之法不一，各因其才性而誘導之。因材施教，各盡其情，在現今普及教育的大前提下，顯然並不可行。可是，在孔、孟的時代，學生數量有限，師生相處時間極長，互相了解，老師方可因應各人的才能而施教。孟子所說的五種情況，第一種是在適當的時候給他點化，使之更趨善境，就如旱木之生長，乃得到及時雨之潤化。第二種是培養其德性，使其有所成。第三種是誘導其發揮一己之才華。第四種是充分解答其疑惑。第五種是雖未能直接親

授其業，仍能讓其效法所教而自我進修。

今天，中小學教育的教學進程相當緊湊，要像孟子所說的君子之教，當然並不容易。可是，如果因為不容易做便不去做的話，那麼教育只會淪為製造考試機器的工具。其實，無論在學校或家中，老師和家長的言行身教對青少年才是最重要的。在人類成長的過程中，德育教導又遠比汲取學科知識來得關鍵。孟子曾說當時他身處的社會是「率獸食人」（1.4、6.9），是因為當時的人都不重用儒家學説。

現時，道德教化對於年輕一代而言，仍是非常重要而不容忽視的。突破機構於 2011 年 2 月至 4 月期間進行了一項名為「香港青少年道德價值觀與道德教育研究」的調查研究，發現近七成學校視智育比德育重要，而且道德教育亦不着重教授應用部分。研究又顯示，六成半青少年視師長為最影響其品格形成的人，而師長愈能在教授德育時言行一致，並討論道德價值如何在生活應用，青少年便愈能建立好品德。這個研究反映青少年對道德價值認知充足，意識到道德對社會帶來的好處。部分學校卻仍偏向提升學生知識水平，對德育未夠重視。另外，師長對青少年起模範作用，其良好身教有助提高青少年的道德水平，而重智育的教導對培育青少年品德未有作用。這個調查的結果，可以喚起中小學對德育教導的重視嗎？

挑戰權威

如果我們從不懷疑權威，不對身邊的事物多加探討，便不會發現身邊許多事物都有或多或少的問題。

　　如果所有人都只是迷信權威，「天體運行論」便不會被波蘭天文學家哥白尼（Nicolaus Copernicus）倡議。在哥白尼的年代，一般人相信「地心說」，即認為地球是宇宙的中心，而其他的星球都圍繞着它運行。哥白尼的「天體運行論」，指出地球和其他行星都圍繞太陽運行。在今天的天文學認知裏，哥白尼所言自然是正確不過了，但在當時是多麼石破天驚的想法。年輕人如能就身邊的事物多加探討，發掘其中特別之處，縱使不能成為哥白尼，但也可使自己的生活充滿趣味。孟子便是敢於挑戰權威的人：

　　　　孟子曰：「盡信《書》，則不如無《書》。吾於《武成》，取二三策而已矣。仁人無敵於天下，以至仁伐至不仁，而何其血之流杵也？」（14.3）

　　這裏說的是孟子對於《尚書》的態度。孟子認為與其完全相信《尚書》，那不如沒有《尚書》。就《尚書・武成》之

篇，孟子所取的不過兩三頁罷了。仁者無敵，周武王以仁道伐紂王之無道，何來會有血流至於木槌漂流之事呢？《尚書·武成》寫的是武王伐紂之事，《尚書》是權威，可是孟子仍敢於挑戰。

　　小朋友在做習作的時候，經常發現許多似是而非的問題和答案。在中小學的教學裏，經常強調標準答案，如果是數學公式一類的問題而有標準答案，實在無可厚非。可是，在語文科目裏很多時都沒有絕對的標準答案。有一次，兒子做習作，問及我們在家裏做不同事情的場所，例如在睡房是「睡覺」、在廚房是「煮菜」等。其中有一條提到在書房是「看書」，那麼客廳用來做甚麼呢？剩下的選擇只有一個，只能是「吃飯」！這是多麼膚淺的想法。兒子問我，為甚麼在客廳不可以「看書」而只能「吃飯」，那一刻我感到很為難，便說：「你想填甚麼便填吧，試試填『看書』吧！」結果呢，隔天老師把習作發還，兒子的答案當然是錯的，因為在客廳只能「吃飯」！小朋友都會提出疑問，可是教育制度究竟又多大程度容許我們懷疑呢？實在難以得知。

教育之道：以身作則

老師能夠以身作則，幫助學生找到自己的路向，絕對比起單單只為着考試而瘋狂操練試卷更為重要。

在上位者以身作則對治國十分重要。同理，父母師長的言行身教也是青年人的楷模。很多時，學生要明白老師所教授的內容並不困難，但能否引起學生的學習動機，卻要看學生是否對老師的言行身教心悅而誠服。其實，學生所需學習的如果只是書本上的知識，學生根本不用回到學校，只要留在家中進修，買一套好的自學教材便可以了。可是，為甚麼我們仍然要求年輕人回學校上課呢？原因很簡單，因為老師能夠以身作則，是學生的榜樣。老師的學問知識、道德修行，都是學生值得仿效的。

教師是學生的榜樣，其道德操守自是備受關注；在治國層面上，中國人一向要求統治者也要有好的道德操守。反之，對於其德不修的領導人，我們每多加以斥責，認為有負百姓所望。在古代中國，揭竿起義推翻缺德之君時有發生。其實，手握大權與道德操守的多寡沒有絲毫關係，要求統治者有良好的道德水平，無疑是我們將事情想得太

過美好而已。只要細數古代賢君和暴君的數目，便會發現後者遠比前者為多；同樣地，貪官庸吏的數量也大大超過才德兼備者。如果統治者能夠有道德，高風亮節，成為百姓的楷模，那麼自然是人民之福了。

說回孟子曾到過的滕國。滕國乃戰國時代的諸侯國，據孟子所言，滕國乃「壤地褊小」（5.3）的小國。然而，滕國諸侯滕文公在當太子的時候，已經對孟子言聽計從，可算是有心推行仁政的君主。不過，滕國弱小，實力根本不足以抵抗鄰近大國，滕文公如能保其家國，不使落入他國手上，便已足矣。孟子絕對明白滕國的狀況：

> 滕文公問曰：「滕，小國也；竭力以事大國，則不得免焉，如之何則可？」
>
> 孟子對曰：「昔者大王居邠，狄人侵之。事之以皮幣，不得免焉；事之以犬馬，不得免焉；事之以珠玉，不得免焉。乃屬其耆老而告之曰：『狄人之所欲者，吾土地也。吾聞之也：君子不以其所以養人者害人。二三子何患乎無君？我將去之。』去邠，踰梁山，邑于岐山之下居焉。邠人曰：『仁人也，不可失也。』從之者如歸市。
>
> 「或曰：『世守也，非身之所能為也。效死勿去。』」
> 「君請擇於斯二者。」（2.15）

滕文公想行仁政，可是他也明白到滕是小國，困乎

大國之間，於是便向孟子請教，如何可以擺脫禍害。孟子說，古時太王[16]居於邠地，狄人來犯。太王用皮裘和絲綢、好狗名馬，甚至是珍珠寶玉去孝敬狄人，但狄人都沒有停止侵犯。於是，太王便召集邠地的長老，跟他們表明狄人所要的其實是邠地。太王於是離開邠地，越過梁山，在岐山之下重新建築一個城邑而定居。邠地的老百姓不忍捨太王而去，故追隨之。周太王是有德之君，能以身作則，老百姓自然願意追隨左右。孟子續謂，還有另一種想法。也有人這麼說，國土是祖宗傳下來教我們子孫代代應該保守的基業，不是我本人所能擅自作主而把它捨棄的。寧可獻出生命，也不要離開。在這兩條路之中，孟子希望滕文公能擇取其一。

這裏我們看到滕文公的無奈，也看到孟子的腳踏實地。孟子教導滕文公避禍之法，亦是因時制宜，毫不勉強。滕國地方僻小，如果仍要以「王天下」為目標的話，只是空想而已。可是，孟子因應滕之國力，以及當時天下形勢，指出滕文公的選擇有二，一是另闢新天地，二是堅持留在原地，保守祖業。析言之，皆非稱王天下的舉措。大抵滕文公如能以身作則，成有德之君，自能保持滕國之祖業，百姓也會為之效命。因應時勢而提出適當的建議，這

---

16 太王，又稱古公亶父，乃周朝祖先。其長子為太伯，次子為虞仲，少子為季歷，即周文王之父。

是孟子可貴之處。在其他的篇章裏，我們經常可以見到孟子是一個極有原則的人，但孟子也會行權，權衡輕重，並不盲守一己之原則。（這在下面的章節論及孟子的行權時會再作詳談。）

　　滕文公在面對困境之時，請教孟子尋求出路；孟子以周太王之以身作則作為答案。同理，老師是學生的榜樣，學校是社會的縮影；老師能夠在教授學科知識之餘，以身作則，耳濡目染地授以道德情意，讓青年人發現自己的興趣，一展所長，也不一定要在中文、英文、數學、通識取得佳績。老師的言行身教便是學生的最佳答案，這樣絕對比起單純只為着考試而瘋狂操練試卷更為重要。

人人皆可為聖人

孟子指出人皆可為堯、舜，即人人皆可成為聖人。這種說法，等同於「只要你肯努力，必會取得成就」。

在春秋戰國時代，思想自由，諸子百家爭鳴。儒家思想與其他各家思想學派相同，皆要爭取君主採用。在《論語》、《史記》等典籍裏，我們看見孔子與老子，以及其他隱逸之士的討論。到了孟子之時，他力拒楊朱、墨子，那麼楊、墨二派自是孟子的主要競爭對手（5.5、6.9）。相對其他學派而言，儒家有甚麼為人詬病的地方呢？司馬遷的父親司馬談，撰有〈論六家要旨〉一文，他站在道德家的立場，批評其餘諸家，其中對儒家的評論如下：

> 夫儒者以六藝為法。六藝經傳以千萬數，累世不能通其學，當年不能究其禮，故曰「博而寡要，勞而少功」。若夫列君臣父子之禮，序夫婦長幼之別，雖百家弗能易也。[17]

17　此文載於《史記・太史公自序》和《漢書・司馬遷傳》。

　　司馬談指出儒者以《詩》、《書》、《禮》、《樂》、《易》、《春秋》為法，而六藝的文本和解釋成千上萬，幾代相繼不能弄通其學問，有生之年不能窮究其禮儀。因此，司馬談認為儒家學說廣博但缺少要領，耗費力氣卻少有功效。至於儒家序列君臣父子之禮，夫婦長幼之別，即使百家之說也是不能改變它的。此是儒家的長處。司馬談是支持道德家的學者，〈論六家要旨〉自然也有它的立場，我們要問的是：「儒家真的很煩人嗎？」其餘諸家或許對儒家有這樣的想法，但儒家必然不承認有此問題，孟子指出人皆可為堯、舜，即人人皆可成為聖人。這種說法，等同於「只要你肯努力，必會取得成就」。

　　　　滕文公為世子，將之楚，過宋而見孟子。孟子道性善，言必稱堯舜。
　　　　世子自楚反，復見孟子。孟子曰：「世子疑吾言乎？夫道一而已矣。成覸謂齊景公曰：『彼，丈夫也；我，丈夫也；吾何畏彼哉？』顏淵曰：『舜，何人也？予，何人也？有為者亦若是。』公明儀曰：『文王，我師也；周公豈欺我哉？』今滕，絕長補短，將五十里也，猶可以為善國。《書》曰：『若藥不瞑眩，厥疾不瘳。』」（5.1）

　　滕文公在當太子的時候，要到楚國去，經過宋國，與孟子見面。孟子說明性善的道理時多用堯、舜為證。太

子從楚國回來，又來看孟子。孟子認為天下的真理只有一個。其中援引顏淵所言，指出舜是甚麼樣的人，我也是甚麼樣的人，有作為的人也會像舜那樣。孟子謂滕國國境每邊之長也將近五十里，還可以治理成一個好國家。最後，孟子引用《尚書‧說命上》，認為如果藥物不能使人吃得頭暈腦轉，病是不會痊癒的。我們特別要注意孟子所引顏淵的話。此話是否真的出自顏淵，今已無從稽考。然而，此話所帶出的道理卻非常重要。舜是古代聖人賢君（《論語》6.30），班固《漢書‧古今人表》置諸第一等「上上聖人」之列。可是，孟子借顏淵之口，指出我們只要努力的話，也可以成為舜。這個努力，當然是致力於修德治民，如能行之，則舜與我們可無別。孟子的說法帶給人們莫大的希望，相對於司馬談所言的儒家繁文縟節，這樣的儒家給人簡單而易於遵行的感覺。

孟子認為人人可為堯舜，可成聖人，將複雜的事情簡單化，化繁為簡，是一個十分重要的教學理念。我們從不懷疑任何一位為人師表者的學問，但能否將自己的學問化為教學內容，並成功傳遞給學生，便因人而異了。好的老師，不單知識淵博，更要做到薪火相傳，才可以將學問延續，而不致將所學埋沒在歷史的長河中。因此，老師的教學技巧十分重要。然而，在我們的學習生涯中，學問與技巧二者兼備的老師實在屈指可數，為何如此，令人深思。

第四章

堅持原則與靈活變通

孟子周遊列國，廷說諸侯，在不同君主面前，仍能堅持原則，且將一己之學說娓娓道來，實為一代大儒。在梁，先見梁惠王，孟子欲說以仁義之道，然惠王只欲國之有利，孟子直斥其非，以為「王何必曰利，亦有仁義而已矣」（1.1）。及見梁襄王，更謂其「望之不似人君」（1.6）。至齊，見齊宣王，王欲問春秋五霸之事，孟子則以孔子後學未嘗聞之而改以王道說之（1.7）。面對君主而毫無懼色，此為孟子可貴之處。

　　做人要有原則（假設這些原則都是對的），也要能夠堅持自己的原則，否則做事只會一事無成。我們都很容易受朋輩影響，這些影響有好的，也有壞的。如果我們做人做事沒有原則，便易於人云亦云，隨波逐流。當然，堅持原則有時候難免給人特立獨行的感覺，擇善固執要有很大的勇氣。戰國時，屈原可稱為恪守原則的典範。在他的作品裏，把有才德和有作為的人比喻為「美人」（〈離騷〉「恐美人之遲暮」）；此外，〈離騷〉裏蘭花芳草的名稱眾多，此等芳草香木皆具象徵意義，代表了屈原的高尚品德。屈原正是「舉世混濁而我獨清，眾人皆醉而我獨醒」（《史記‧屈原列傳》）的典範，他的孤芳自賞，實在是做事有原則的最佳詮釋。屈原屢向楚懷王進諫，可惜懷王受佞臣所蔽，不聽忠良所言，並放逐屈原。《史記‧屈原賈生列傳》云：

　　　　屈原至於江濱，被髮行吟澤畔。顏色憔悴，形容枯槁。漁父見而問之曰：「子非三閭大夫歟？何故而至此？」屈原曰：「舉世混濁而我獨清，眾人皆醉而我獨醒，是以見放。」漁父曰：「夫聖人者，不凝滯於物而

能與世推移。舉世混濁，何不隨其流而揚其波？眾人皆醉，何不餔其糟而啜其醨？何故懷瑾握瑜而自令見放為？」

屈原為懷王放逐，披頭散髮，容顏憔悴。漁父見之，問其因由。屈原以世皆混濁，只有自己是清醒的，所以被流放。漁父聞之，建議屈原不如隨波逐流，與舉世眾人同之，便不會痛苦。事實上，堅持原則實在很難做到，混在人堆當中卻是易事，故一般人總是捨難取易。相比之下，屈原志行高潔、不隨世俗，才更值得我們景仰。

有關孟子行權之舉，前人着墨頗多，下文主要參考譚宇權《孟子學術思想評論》的相關部分，再輔之以古往今來的例子加以討論。

孔子和孟子的變通

行權是建基於有原則的堅持之上，否則只會是「牆頭草，隨風倒」。

能夠堅持原則，並非易事，如要適時變通，更是難上加難。行權並非孟子首創，孔子已然。儒家強調人要有信用，《論語》曾多番提及。不過，講信用也有例外的時刻，《史記・孔子世家》記載了一段故事：

> 過蒲，會公叔氏以蒲畔，蒲人止孔子。弟子有公良孺者，以私車五乘從孔子。其為人長賢，有勇力，謂曰：「吾昔從夫子遇難於匡，今又遇難於此，命也已。吾與夫子再罹難，寧鬥而死。」鬥甚疾。蒲人懼，謂孔子曰：「苟毋適衛，吾出子。」與之盟，出孔子東門。孔子遂適衛。子貢曰：「盟可負邪？」孔子曰：「要盟也，神不聽。」

孔子路過蒲邑之時，剛好遇上公叔氏佔據了蒲邑而背叛衛國，蒲人就留住了孔子。孔門弟子公良孺一直跟隨着孔子周遊各地，其人身材高大，賢德而英勇，他想跟蒲人

決一死戰。蒲人害怕，跟孔子議和，提出孔子如能不去衛國，便可放行。孔子允諾，但脫險後卻直奔衛國。子貢對此表示疑惑，認為盟約是否可以不遵守。孔子行事靈活，指出在脅逼下所釐定的盟約，神明不會認可，也不必遵守。這是孔子處事靈活的明證。

在《孟子》一書裏，我們可見孟子並非一成不變的人，書中並有其行權理論。相較而言，孔子是「知其不可而為之」（《論語》14.38），非常堅守自己的原則。孟子的行權，其實亦是儒學發展路上的變通。孟子在朝廷之上遊說諸侯，所面對的問題較諸孔子更為複雜。當然，行權是建基於有原則的堅持之上，否則只會是「牆頭草，隨風倒」。我們不可以胡亂誇大孟子的行權，司馬遷《史記‧孟子荀卿列傳》謂當時的人以為孟子「迂遠而闊於事情」。如果沒有堅持原則，只懂行權，時人當不會以此評之。

以道事君，不可則止

古有諫官，以道事君，敢於犯顏直諫而毫無懼色，反觀今天不少宦員面對長官只唯唯諾諾，今不如古，怎不教人慨嘆？

儒家思想乃欲以仁義之道輔助君主治國，在上章中已經明言，此處不贅。輔助君主治國，乃使其成為有道君主，德治天下。可是，君主如屢勸不聽，為人昏庸，大臣亦只有棄之而去，另擇明主。

> 季子然問：「仲由、冉求可謂大臣與？」子曰：「吾以子為異之問，曾由與求之問。所謂大臣者，以道事君，不可則止。今由與求也，可謂具臣矣。」（《論語》11.24）

這裏是孔子和季子然的對話。季子然問孔子，謂仲由（子路）和冉求（冉有）可否稱之為大臣。孔子認為大臣要用最合乎仁義的內容和方式來對待君主，如果這樣行不通，寧願辭職去位。孔子沒有直接評價子路和冉求，而認為二人僅足稱為具有相當才能的臣屬罷了。孔子這種不評

而評，其實亦間接指出了子路和冉求並不具備「以道事君，不可則止」的才能，他們只是比「大臣」差一等的「具臣」罷了。[18]

孟子周遊列國，朝見各國諸侯，陳說王道，犯顏直諫，毫無懼色，其事君之道與孔子一脈相承。以下為孟子與齊宣王的對話：

> 齊宣王問卿。孟子曰：「王何卿之問也？」
> 王曰：「卿不同乎？」
> 曰：「不同；有貴戚之卿，有異姓之卿。」
> 王曰：「請問貴戚之卿。」
> 曰：「君有大過則諫；反覆之而不聽，則易位。」
> 王勃然變乎色。
> 曰：「王勿異也。王問臣，臣不敢不以正對。」
> 王色定，然後請問異姓之卿。
> 曰：「君有過則諫，反覆之而不聽，則去。」（10.9）

齊宣王問孟子關於公卿的事情。孟子未明齊王所指，遂謂公卿有不同的種類，有與王室同族的公卿，有非王族的公卿。齊王知之，因問孟子王族公卿。孟子認為王族公

---

18 在孔門的四科十哲裏，子路和冉求都屬於「政事」科（《論語》11.3），二人都是孔門裏有政治才華的弟子。觀乎子路，及後於衛國出仕，死於衛國內亂，如以「大臣」的標準評之，子路可堪稱「以道事君」，卻未能做到「不可則止」。是以孔子認為子路僅可為「具臣」，其言是矣。子路死於衛亂之事，見《史記‧衛康叔世家》。

卿在君王犯錯之時，即加勸止；如果反覆勸阻仍不聽從，就把君王廢棄，改立別人。齊王聽到孟子所言，臉色驟變。孟子告訴齊王，不要因此而感到奇怪，因為他不過是實話實說而已。齊王續問非王族公卿。孟子認為非王族公卿在君王犯錯之時，亦加勸阻；如果反覆勸阻仍不聽從，則會選擇自己離職。

在現今香港社會的官僚體系，我們幾乎看不到一些敢於直言的高級官員。古代社會雖屬封建體系，皇帝擁有至高無上的權力，能操所有人的生死。可是，古代官僚制度裏有諫官一職，其職責便是向君主進諫忠言。例如唐代的魏徵，便是諫官的典範，在其死後，唐太宗譽之為「人鏡」，以歌頌其能直言君主闕失之功。不只是諫官，即使是中國古代的經典《詩經》，其中〈詩大序〉便直言「風詩」是「上以風化下，下以風刺上，主文而譎諫，言之者無罪，聞之者足以戒，故曰風」。〈詩大序〉當為漢代的作品，可見當時文學作品可以批評時政，包含諷刺。反觀今天不少官員面對長官只唯唯諾諾，今不如古，怎不教人慨嘆？

非走不可的無奈

當事物發展到極點、窮盡的時候,就必須尋求變化,變化之後,便能夠通達,適合新需要。

臣子忠於君主,為其效力,本屬尋常。可是,當君主屢勸不聽,無可救藥,臣子只能離開,不用愚忠,這也可說是一種行權。殷有三仁,「微子去之,箕子為之奴,比干諫而死。」(《論語》18.1)三人屢諫商紂,各有選擇,結局亦異。其中微子離去,箕子被捉,比干諫死。微子之離去,正是「不可則止」的最佳詮釋。

> 孟子去齊。尹士語人曰:「不識王之不可以為湯武,則是不明也;識其不可,然且至,則是干澤也。千里而見王,不遇故去,三宿而後出晝,是何濡滯也?士則茲不悅。」
>
> 高子以告。
>
> 曰:「夫尹士惡知予哉?千里而見王,是予所欲也;不遇故去,豈予所欲哉?予不得已也。予三宿而出晝,於予心猶以為速,王庶幾改之!王如改諸,則

必反予。夫出晝，而王不予追也，予然後浩然有歸志。予雖然，豈舍王哉！王由足用為善；王如用予，則豈徒齊民安，天下之民舉安。王庶幾改之！予日望之！予豈若是小丈夫然哉？諫於其君而不受，則怒，悻悻然見於其面，去則窮日之力而後宿哉？」

尹士聞之，曰：「士誠小人也。」（4.12）

由於齊宣王不重用孟子，孟子決定離開齊。齊人尹士認為孟子糊塗，不明白齊王不能夠做到商湯、周文王、周武王；如果孟子明白齊王不行，仍然跑來齊國，那便代表孟子是貪圖富貴。遠遠地跑來，不融洽而走，在晝縣停留了三夜才離開，何以動作如此緩慢呢？尹士對此很不高興。孟子知道尹士所言，認為尹士並不了解自己。孟子指出，老遠跑來齊國與齊王相見，是他所願的；不融洽而走，實非他所盼。至於在晝縣停留了三夜，孟子認為在自己心中是太快了。他所以停留三天，乃因齊王或許改變態度，前來挽留。可是，孟子離開晝縣，齊王終沒前來，因此才決定回鄉。即使如此，孟子仍是不忍拋下齊王的。孟子認為齊王雖然不能做商湯、文武，但如重用自己，不單是齊國可得太平，天下也可得太平。孟子每天都期盼着齊王可改變態度。孟子指出，只有小器的人才會因諫言未聽，便大發脾氣，滿臉不高興；走的時候，便馬不停蹄的趕快離開。後來，尹士聽到了孟子的回應，慨嘆自己真是一個小人。

　　在別人不再重用自己的情況下，孟子最後選擇離開，他沒有纏繞在齊卿的厚祿，沒有對稷下學宮留戀，雖仍心繫齊國，但既然不能一展抱負，也只有黯然而去。孟子離齊，當中既有見其原則，也有其變通。在漫長的人生裏，總會遇到學業、事業、感情上的瓶頸，在大原則不變的情況下，適時變通，不作死守，方可闖出新的天地。《易·繫辭下》裏說：「窮則變，變則通，通則久。」說的也是行權的道理。當事物發展到極點、窮盡的時候，就必須尋求變化，變化之後，便能夠通達，適合新需要，所謂「山重水複疑無路，柳暗花明又一村」是也。

自反而縮，雖千萬人，吾往矣

人要擁有「雖千萬人，吾往矣」的勇氣十分困難，或許在大難當前，人的大勇才可彰顯。

我們多次強調，孟子是一個有原則而勇敢的人。在《孟子》一書裏，以下的一段話最能反映孟子的勇：

> 昔者曾子謂子襄曰：「子好勇乎？吾嘗聞大勇於夫子矣：自反而不縮，雖褐寬博，吾不惴焉；自反而縮，雖千萬人，吾往矣。」（3.2）

在這裏，孟子援引曾子與弟子子襄的對話。曾子問子襄是否喜歡勇敢，曾子嘗在孔子門下聽過關於大勇的理論：反躬自問，正義不在我，對方縱是卑賤的人，我不去恐嚇他；反躬自問，正義確在我，對方縱是千軍萬馬，我也勇往直前。每當社會上出現一些示威抗議，常常可以在示威人士的橫額上看到「自反而縮，雖千萬人，吾往矣」。句中「反」字，意味深長，在反躬的過程後，我們才可以確定自己所做的事是否合理，在合理以後才勇往直前，做應

做的事，而非匹夫之勇，胡亂妄為。「縮」是直的意思，能在反思之後仍覺直，便是難能可貴了。

有原則，才有反省的依據。《禮記・中庸》鄭玄注：「君子自省，身無惡病。」君子要多作反省，才能減少過失。人要擁有「雖千萬人，吾往矣」的勇氣十分困難，或許在大難當前，人的大勇才可彰顯。在美國荷里活的災難電影裏，我們經常可以看到一個市民在危難之前突然發揮大勇，排除一切艱辛，拯救國民。然而在現實生活裏，有沒有這樣的偉大人物呢？我們且看孟子筆下的周代君主：

> 「有攸不惟臣，東征，綏厥士女，篚厥玄黃，紹我周王見休，惟臣附于大邑周。」其君子實玄黃于篚以迎其君子，其小人簞食壺漿以迎其小人；救民於水火之中，取其殘而已矣。（6.5）

孟子在此引用《尚書》，指出因攸國不服，周王遂東向征討，安撫那裏的男女，他們用篚裝着黑色和黃色的絲帛，侍奉周王，以求得到光榮，歸服周室。孟子認為官吏和百姓何以歡迎周室軍隊，乃因周把民眾從水深火熱中拯救出來，並除掉了殘暴的君主。這是一種孟子認同的大勇，周王有原則，有勇氣，救百姓於水火之中。

說到底，做事要勇往直前並不困難，只要不顧後果便可以了。可是，能夠在「自反而縮」後，仍然覺得「雖千萬人，吾往矣」，那便是真正的大無畏了。我們不必期望自己

好像正氣凜然的文天祥，也不必以慷慨就義的譚嗣同為偶像，只要我們在大是大非的時候堅守自己的崗位，不隨波逐流，便不枉二千多年前孟子的教誨了。

孟子是否「迂闊」?

君王不肯改變自己,修煉己德,要行仁政便有很大的難度,無關孟子的「迂闊」。

孟子做人有原則,亦有行權之舉,然而時人仍以孟子為迂腐,此實出自窮斯濫矣的人口中。司馬遷《史記‧孟子荀卿列傳》云:「道既通,游事齊宣王,宣王不能用。適梁,梁惠王不果所言,則見以為迂遠而闊於事情。」司馬遷在這裏述說孟子遊齊、梁之事。孟子遊說齊宣王,惟宣王不能重用孟子,孟子因而離齊。往梁,梁惠王亦沒有聽從孟子的主張,反而認為孟子所言不切實情,遠離實際。孟子的原則是鮮明的,相對提倡合縱連橫的縱橫家學者,孟子主張以王道治國自是迂闊的。有些原則性的東西是孟子經常掛在口邊的,取此加以考察,便知孟子是否真的迂闊。舉例而言,孟子以為「仁者無敵」,仁者何可無敵,君主大抵不太明白。

　　彼陷溺其民,王往而征之,夫誰與王敵?故曰:「仁者無敵。」王請勿疑!(1.5)

孔子曰：「仁不可為眾也。夫國君好仁，天下無敵。」今也欲無敵於天下而不以仁，是猶執熱而不以濯也。（7.7）

仁人無敵於天下。（14.3）

國君好仁，天下無敵焉。（14.4）

以上四段文字，皆可見孟子以為仁者無敵於天下。「無敵」是很吸引君主的說法，戰國時的君法，以攻伐為賢，不談仁義，不行王道。孟子的仁政論，具見上文，可是當時君主喜歡的只是「無敵」，根本不管它是否以仁道為之。因此，在「仁者無敵」四字裏，他們只有「無敵」肯聽下去，「仁者」與否，即使費盡孟子的唇舌，君主亦未有顯出特別的關心。由是觀之，「迂闊」並非孟子之錯，而是當時君主太過急功近利，而不肯花時間去改變治國的本質。

孟子相信自上而下的影響，如果君主是仁者，好仁政，上有好者，下必有甚焉，百姓自然爭相仿效。可是，君主不肯改變自己，修煉己德，要行仁政便有很大的難度，這是孟子遊說諸侯所以失敗的主因。在孟子周遊列國的過程中，我們發現只有滕文公能修己德，惜其國力小，未能一展抱負；其他君主似乎皆有不及。

近年來，香港市民就政府施政混亂的怨氣頻生，對政府官員自上而下的不滿，已導致不少香港人選擇遠走高飛，移民他國。據政府統計處 2016 年中的統計數字，香港

居民在過去一年的淨移出已有 18,900 人，較諸以往 2012年（7,300 人）、2011 年（8,300 人）、2010 年（7,200 人）、2009 年（7,200 人）都有大幅度的增加。數字所反映出來的問題，當權者、政客是否應該稍作反思，究竟有否施行仁政？

重仁輕利

有原則的人常被視為迂腐，沒有原則的人則被視為識時務；事實上，有些原則可以行權，有些是要堅持到底的，重仁輕利大抵屬於後者。

　　孟子好言仁，少言利，與君主剛好相反。儒家並非不言利，只是相較而言，世界上自有比起利更重要的東西。《孟子》的第一章便是孟子說梁惠王「何必曰利」（1.1），據司馬遷的說法，《孟子》一書乃是孟子「退而與萬章之徒序《詩》《書》，述仲尼之意，作《孟子》七篇」。因此，此書之編撰，孟子應參與其中。是以用「王何必曰利」作為第一章，必有深意。司馬遷在閱讀此書之時，看到「何以利吾國」句，「未嘗不廢書而嘆也」。司馬遷所以深嘆之，可見孟子重仁輕利的想法，對其影響深遠。有些原則可以行權，有些是要堅持到底的，重仁輕利大抵屬於後者。

　　　孟子曰：「雞鳴而起，孳孳為善者，舜之徒也；雞鳴而起，孳孳為利者，蹠之徒也。欲知舜與蹠之分，無他，利與善之間也。」（13.25）

　　孟子認為在雞叫起來時便努力行善者，乃舜一類人物；在雞叫起來時便努力求利者，是盜跖一類人物。舜和跖的分別，便是「善」和「利」的不同。

　　有原則的人常常被視為迂腐，自古已然。沒有原則的人，或被視為識時務，能與時遷移，適應世道。例如長樂老馮道，很多時候便被視為這樣的人。馮道（882-954），字可道，號長樂老，瀛州景城人。五代時期政治家、大規模官刻儒家經籍的創始人。曾經侍奉五朝、八姓（八個家族）、十多位皇帝，「累朝不離將相、三公、三師之位」，前後為官四十多年。在古代，臣子需要忠君，像馮道這樣的人委實不多。直至今天，有些學者重新審視馮道，或認為五代政局混亂，世情如此，馮道只是無可奈何而已。而且，馮道曾力倡保護漢人，以及刊刻經籍，有功於天下，不應屢遭貶斥。馮道究竟是沒有原則，還是善於變通，實在難有一個確切的答案。

時然後取

隱居避世，餐風飲露並非儒家推崇的人生目標；積極
入世的人生才是儒家所願。有原則地取用，其實也是
行權的一種。

由於跟隨孟子周遊列國的學生頗多，為免弟子挨餓受
苦，孟子在周遊列國之時，唯有接受列國所送贈的盤纏，
可是當時卻有人對此表示不滿：

> 陳臻問曰：「前日於齊，王饋兼金一百，而不受；
> 於宋，饋七十鎰而受；於薛，饋五十鎰而受。前日之
> 不受是，則今日之受非也；今日之受是，則前日之不
> 受非也。夫子必居一於此矣。」
> 孟子曰：「皆是也。當在宋也，予將有遠行，行者
> 必以贐；辭曰：『饋贐。』予何為不受？當在薛也，予
> 有戒心；辭曰：『聞戒，故為兵饋之。』予何為不受？
> 若於齊，則未有處也。無處而饋之，是貨之也。焉有
> 君子而可以貨取乎？」（4.3）

陳臻是孟子弟子，他問孟子關於在不同國家接受諸

侯捐贈之事。陳臻説，過去在齊國，齊王送給孟子上等金
一百鎰，但孟子不接受；可是，宋國君主送了七十鎰，以
及薛國君主送了五十鎰，孟子都接受了。陳臻不明所以，
如果在齊不接受是正確的，那麼在宋和薛的行為便是錯
了，反之亦然。二者之中，老師必有一誤。然而，孟子認
為自己的兩種行為都是正確的。因為在宋國的時候，孟子
準備遠行，宋君只不過是給遠行人送上盤纏，孟子無由反
對，所以接受。在薛的時候，因為聽説路上有危險，需要
戒備，薛君由是送上購買兵器的金錢，孟子遂欣然接受。
至於在齊國，孟子沒有接受金錢的理由。在沒有理由的情
況下送上金錢，這等於齊王用金錢收買孟子，所以孟子沒
有接受。最後，孟子表明哪裏有君子可以拿錢收買的呢？
這是對齊王的行徑表示不滿。

　　在這裏，我們可以看到孟子對於諸侯送贈金錢的態
度，乃在有需要時才取之，而不接受諸侯的收買。另一方
面，我們也明白到孟子的周遊列國應該與孔子頗有不同，
孟子與弟子應該不致於在旅途之中飢寒交迫。但孟子「後車
數十乘，從者數百人」的隊伍，也迫使他不能不考慮現實，
從而接受了諸侯的盤纏和其他旅途所需。

　　在這裏，我們也可以清楚地瞭解孟子，甚至是儒家，
對於金錢的態度。儒家學者的終極目標是匡扶時政，拯救
時弊，「學而優則仕」是他們的願景。隱居避世，餐風飲
露並非儒家推崇的人生目標；積極入世的人生才是儒家所

願。孔子也是在「道不行」的時候，才「乘桴浮於海」（《論語》5.7），最理想的情況還是應該行道救世。如果儒家學者的目標是為官出仕，自必會有相應的俸祿。從正常途徑得來的俸祿，儒家是不會蔑視的。所以，孟子才會嘗試給陳臻解釋自己何時會接受諸侯的捐贈。有原則地取用，其實也是行權的一種。

我們可以不在金錢的社會裏打轉嗎？我們可以隱居避世，真正遠離世俗煩囂嗎？或許有人可以，但絕大部分的人都不可能。在這個金錢掛帥的社會裏，我們自然要尋找生存之道。現代社會裏甚至出現了「儒商」一詞，指的是一些有德行與文化素養的商人。其實，商人不必是儒商，只要不作黑心商人便可以了。近年來，中國內地的毒奶粉事件，以至大鬧兩岸四地的食油問題，都彰顯了商人道德的重要性。況且，許多商人即使行善，其實也是變相為自己賣廣告罷了。低調的富商實在不多，捐款而不要名聲的更是少之又少。話說回來，賺錢當然不是問題，只要取之有道，儒家絕對贊成。孟子如果沒有得到諸侯的捐贈和資助，今天我們也很難透過《孟子》一書得見他在列國滔滔雄辯的風采了。

緩急輕重

孟子認為判斷事情的準則，應當靈活變通，並要考慮事情的緩急輕重。

孟子生活於戰國時代，所處正是楊朱、墨子學說盛行之世。楊朱學說如何，今世已無傳；至若墨子之學，有十大主張見於世，其中有與儒家學說相悖者。孟子反對楊朱、墨子之說，其曰：

> 聖王不作，諸侯放恣，處士橫議，楊朱、墨翟之言盈天下。天下之言不歸楊，則歸墨。楊氏為我，是無君也；墨氏兼愛，是無父也。無父無君，是禽獸也。公明儀曰：「庖有肥肉，廄有肥馬；民有飢色，野有餓莩，此率獸而食人也。」楊墨之道不息，孔子之道不著，是邪說誣民，充塞仁義也。仁義充塞，則率獸食人，人將相食。吾為此懼，閑先聖之道，距楊墨，放淫辭，邪說者不得作。作於其心，害於其事；作於其事，害於其政。聖人復起，不易吾言矣。(6.9)

> 孟子曰：「楊子取為我，拔一毛而利天下，不為

也。墨子兼愛,摩頂放踵利天下,為之。子莫執中。
執中為近之。執中無權,猶執一也。所惡執一者,為
其賊道也,舉一而廢百也。」(13.26)

孟子認為楊朱、墨子之所重在於「為我」、「兼愛」,
而二者必會導致世人無父無君,與禽獸無異。孟子指出楊
朱、墨子太過偏向事物之兩端,子莫則能守住中道,較楊
朱為佳。然子莫如果不懂變通之道(「權」),只執一端,仍
不免稍失中道。由是觀之,孟子認為判斷事情的準則,應
當靈活變通,並非一成不變。

任人有問屋廬子曰:「禮與食孰重?」

曰:「禮重。」

「色與禮孰重?」

曰:「禮重。」

曰:「以禮食,則飢而死;不以禮食,則得食,必
以禮乎?親迎,則不得妻;不親迎,則得妻,必親迎
乎?」

屋廬子不能對,明日之鄒以告孟子。

孟子曰:「於答是也,何有?不揣其本,而齊其
末,方寸之木可使高於岑樓。金重於羽者,豈謂一鉤
金與一輿羽之謂哉?取食之重者與禮之輕者而比之,
奚翅食重?取色之重者與禮之輕者而比之,奚翅色
重?往應之曰:『紾兄之臂而奪之食,則得食;不紾,

則不得食，則將紾之乎？踰東家牆而摟其處子，則得
妻；不摟，則不得妻；則將摟之乎？』」（12.1）

「禮」與「食」何者為重的問題，屋廬子不能回答，因此
向孟子請教。孟子指出，如果不揣度房子地基的高低是否
一致，而只比較其頂端，那一寸厚的木塊，可以使它比尖
角高樓還高。此即說，如果我們不能把握平等或相應的比
喻法，那麼就無法分出兩者的輕重。就像金子比羽毛重，
難道要說三錢多重的金子比一大車的羽毛還重嗎？拿飲食
中最重要的，和禮節中最輕微的來相比，何以只是飲食較
重要呢？拿女色中最重要者，與禮節中最輕微者相比，何
以只是女色較重要呢？這裏的意思是指在不平等的情況
下，無法真正分辨出何者為重。因為事物如要加以比較，
其基本原則便是要公平。

孟子的公平原則是甚麼呢？就人民實際的情況而言，
講禮義固然重要，但同時必須顧及物質生活的需要；如果
三餐都無法溫飽時，談禮義又有何用呢？更遑論其他問題
了。孟子因此說：「此惟救死而恐不贍，奚暇治禮義哉？」
（1.7）這些都是事情緩急輕重的考慮。

推行政策時的取捨

孟子能為老百姓的實際生活著想，先重衣食溫飽，然後才教民為善，而不空談理想。現今的政府，應該如何取捨「衣食溫飽」與「教民為善」呢？

仁政論是孔孟的核心學說之一，在行仁政之時，孟子亦有行權之舉：

> 無恆產而有恆心者，惟士為能。若民，則無恆產，因無恆心。苟無恆心，放辟邪侈，無不為已。及陷於罪，然後從而刑之，是罔民也。焉有仁人在位罔民而可為也？是故明君制民之產，必使仰足以事父母，俯足以畜妻子，樂歲終身飽，凶年免於死亡；然後驅而之善，故民之從之也輕。
>
> 今也制民之產，仰不足以事父母，俯不足以畜妻子；樂歲終身苦，凶年不免於死亡。此惟救死而恐不贍，奚暇治禮義哉？（1.7）
>
> 民之為道也，有恆產者有恆心，無恆產者無恆心。苟無恆心，放辟邪侈，無不為已。及陷乎罪，

然後從而刑之，是罔民也。焉有仁人在位罔民而可為也？（5.3）

由以上兩段文字，可見孟子能為老百姓的實際生活着想，而不尚空談。孟子先重衣食溫飽，然後才教民為善的方式，顯然與孔子「民無信不立」的看法頗有不同。因為根據孔子的看法，在任何情況下，都應該將禮義放置在最前面。至於食，可以放第二。惟孟子「此惟救死而恐不贍，奚暇治禮義哉」之言，便是反問齊宣王，如果人民性命不保之時，卻空談理想的禮義生活，又有何意義呢？孟子所以能夠弘揚孔學，力拒楊墨，實與其能行權有關。反之，像孔門弟子如顏回或曾參等，固然是孔學的力行者，但卻不是一位好的思想發揚者；因為他們都只能死守孔子學說，卻不見得都能認清孔門儒學的真相。相較孔門儒家的先禮後食，孟子似乎更加強調先解決生活上的問題：

五畝之宅，樹之以桑，五十者可以衣帛矣。雞豚狗彘之畜，無失其時，七十者可以食肉矣。百畝之田，勿奪其時，八口之家可以無飢矣。謹庠序之教，申之以孝悌之義，頒白者不負戴於道路矣。（1.7）

以上包括了孟子在「足食」和「禮義」方面的主張。孟子主張先解決物質生活的問題後，然後才在禮義方面（「謹庠序之教，申之以孝悌之義」）多加用力。總之，孔子是「先禮義後得食」，孟子則是「先重食，後申之以孝悌之義」，二

人在解決問題的先後上，差異頗大。孔、孟二人於此之差異，正可說明孟子能夠不死守孔子所言，靈活行權，建立其「仁政論」。孟子用變通的辦法，改造了孔子的理論，而且改造得更加合乎人性。

反觀今天，作為一個負責任的政府，應該如何取捨「衣食溫飽」與「教民為善」呢？舉例而言，澳門政府為了紓解民困，自 2008 年度起連續多年「派錢」（即所謂的「現金分享計劃」，金額從 2008 年度的 5,000 元，增加至 2016 年度的 9,000 元）。可是，民困並不因為「派錢」而得到紓減，澳門所面對的是一系列的民生問題，「派錢」只能解燃眉之急而已。樓價高企不下、醫療系統和設施不盡完善、老無所依，以及經濟上過於依賴博彩業等，皆是澳門所面對的重要問題，其中尤以後者為甚。以賭業為本，無疑等於鼓吹投機的風氣，年輕人在此等環境下成長，自不以腳踏實地為務。因此，盡力發展其他類型的經濟，將澳門拖出單一經濟體系，乃是當地政府施政的重中之重。

第五章

雄辯滔滔，據理力爭

孟子生於戰國時代，當時諸侯割據，各佔一方，如欲時君能採用己說，便需據理力爭，方足服人。諸子百家，皆欲將其政論廷說諸侯，孟子自不例外。與孟子爭辯者，包括諸侯、大臣、其他思想學派的信奉者，以及弟子等。在不同的場合裏，孟子都會嘗試以理服人，陳述己見。在春秋時代，諸侯國之間的外交頗為頻繁，因此在《左傳》裏，我們可以看到許多的外交辭令，行人答問，栩栩如生，幾可將當時的場景重現眼前。記載在《左傳》僖公三十年（前630）的「燭之武退秦師」、定公四年（前506）的「申包胥哭秦庭」皆是春秋時期典範的外交辭令。到了戰國時代，今天我們可以透過漢人劉向所編的《戰國策》以見當時策士的雄辯滔滔。蘇秦、張儀的合縱連橫之策，七國謀士的爾虞我詐，也盡在此書之中。除了《戰國策》以外，其實《孟子》一書亦載有許多有關孟子論辯的場面，同樣反映了戰國時代雄辯滔滔的風氣。

與人討論問題之時，既要理據充足，亦要氣勢磅礡，二者同樣重要，不可偏廢，而孟子可謂兼而有之。在「儒分為八，墨離為三」（《韓非子·顯學》）的時代，孟子不過是戰國儒家學派的一支，後來荀子在〈非十二子〉亦曾痛斥「思孟學派」（子思、孟子），[19] 亦可據此得知各派爭

---

19 《荀子·非十二子》說：「略法先王而不知其統，猶然而材劇志大，聞見雜博。案往舊造說，謂之五行，甚僻違而無類，幽隱而無說，閉約而無解。案飾其辭而祗敬之曰：此真先君子之言也。子思唱之，孟軻和之，世俗之溝猶瞀儒，嚾嚾然不知其所非也，遂受而傳之，以為仲尼、子游為茲厚於後世，是則子思、孟軻之罪也。」荀子將子思和孟子看成為一脈相承的一派，認為他們法先王而不知其要領，卻自以為才氣橫溢、志向遠大、見聞豐富廣博。荀子指出思孟學派根據舊說以創新說，稱為「五行」。如此說法實在乖僻背理，不合禮法，而且

辯之激烈。有一些人，我們會罵他「無理取鬧」，說的是沒有理據地胡鬧生事。他們可能是本性如此，或者是在藥物、酒精等影響下才有此等舉動。在電視劇裏，不時會看到醉酒生事的狂徒，恣意謾罵，擾人生活，說些不堪入耳的話，讓人徹底失望。著名漫畫家廖冰兄曾經說：「漫畫是誇張的藝術，用誇張的手法反映現實，但現實往往比漫畫更誇張。」在現實生活裏，無理取鬧的謾罵也是無日無之的。因此，如要與人討論，便應精神飽滿，注意力集中，這樣才能言之有據，論之有物，足可服人。

為了要將抽象的事物說得較為具體，我們會在說理時用上一些論證的方法，而孟子多採用類比論證。類比論證的基本原理是：由幾件事物在某些方面相似，推論出這些事物在另一些方面也相似。這種論證的方法有它的好處，也有壞處。在現代社會的辯論裏，類比論證不會當作主要論證，因為兩件事物再如何相似，都是有差異之處，不合乎科學。那麼，類比論證有甚麼好處呢？第一，它可以使複雜的道理，透過淺顯的例子輕易表達。第二，可以提高主要論證的可信度，並增加效果。第三，類比論證饒富趣味，容易引人注意。孟子的類比論證是否合理，留待下文討論。

幽深隱微難以講說，晦澀纏結而無從解釋，卻仍粉飾其詞，以為這都是孔子的說法。這些說法，荀子認為子思首倡，孟子附和，社會上愚昧無知的儒生仍接受並傳授了如斯學說，以為是孔子和子游以此學說嘉惠後學。準此，荀子與子思和孟子雖同為儒學之後，持見卻有差異，並為之攻伐其說。

在適當的時候才說話

適當的保持緘默，比起無時無刻的大鳴大吼更為有效。「不平則鳴」四字人人可懂，然而「鳴」要中的，不無的放矢，卻不是人人可做到。

　　傳統以來，中國人都不喜歡多話的人，孟子的好辯又是否合乎中國文化的傳統呢？在《論語》裏，孔子說：「君子欲訥於言而敏於行。」（4.24）希望能夠少說話、多做事。孔子也曾多次表示對「佞者」的不滿。「佞」是巧言善辯、諂媚的意思，孔子不喜歡跟這種人交往。如果是弟子多言狡辯的話，孔子也予以薄責。[20] 不過，也不要以為儒家的人都是不講話的，請看以下的一段：

20　在《論語》裏，記載了孔子對佞者的不滿。在 5.5，「或曰：『雍也仁而不佞。』子曰：『焉用佞？禦人以口給，屢憎於人。不知其仁，焉用佞？』」駁斥別人以為仲弓沒有口才的斥責。又在 11.25，「子路使子羔為費宰。子曰：『賊夫人之子。』子路曰：『有民人焉，有社稷焉。何必讀書，然後為學？』子曰：『是故惡夫佞者。』」因子路的狡辯，遂使孔子指出自己討厭強嘴利舌的人。又在 14.32，「微生畝謂孔子曰：『丘何為是栖栖者與？無乃為佞乎？』孔子曰：『非敢為佞也，疾固也。』」孔子亦謂自己不是逞口才的人，而是討厭那種頑固不通的人。凡此種種，皆可見孔子對佞者的不滿。

　　子問公叔文子於公明賈曰：「信乎，夫子不言，不笑，不取乎？」

　　公明賈對曰：「以告者過也。夫子時然後言，人不厭其言；樂然後笑，人不厭其笑；義然後取，人不厭其取。」

　　子曰：「其然？豈其然乎？」（《論語》14.13）

　　孔子曾向公明賈問到公叔文子，有人說公叔文子不言語、不笑、不取，孔子問公明賈此事是否屬實。公明賈謂是傳話的人說錯了。公叔文子到了應說話的時候才說話，別人不厭惡他的話；高興了才笑，別人不厭惡他的笑；應該取才取，別人不厭惡他所取。由是觀之，孔子也不是不容許人說話的，只是應說才說，這樣才好。孟子的好辯是當時天下形勢的產物，並非其本意如此，孟子說：「予豈好辯哉？予不得已也。」（6.9）其無奈之情盡可見。

　　在適當的時候才說話，我們是否都可以做到呢？唐代詩人白居易〈琵琶行〉說：「此時無聲勝有聲。」指的是琵琶女曲中聲音近弱到無時，詩人卻仍能夠感受到曲子所蘊含的情調。放諸今天社會，適當的保持緘默，比起無時無刻的大鳴大吼更為有效。「不平則鳴」四字人人可懂，然而「鳴」要中的，不無的放矢，卻不是人人能夠做到。到日本旅遊的時候，我們會發現這個國家的人非常安靜，在公共交通工具上、餐廳內、酒店大堂裏，甚至是自己的家中皆如是。是日本人都不喜歡說話嗎？當然不是，因為日本人

認為安靜便是一種享受。如果我們每天計算一下，有多少
話是可以不説的，或許我們的世界也會安靜許多。

先了解別人的說話

所謂「聽其言而觀其行」、「知己知彼，百戰百勝」，要與別人討論，必先了解對方的說話，才能適切回應。

　　承上所言，孟子的好辯，乃時代使然。有些人是天生好辯的，他們為辯而辯，實在沒有必要。在孟子生活的戰國時代，惠施、公孫龍之類的名家人物便是這種作風的佼佼者。有關「知言」，孔子認為對一個人要「聽其言而觀其行」（《論語》5.10）。這方面說得較完整的是孟子，因為孟子認為自己可以做到「知言」與「善養浩然之氣」（3.2）。

　　「何謂知言？」
　　曰：「詖辭知其所蔽，淫辭知其所陷，邪辭知其所離，遁辭知其所窮。」（3.2）

　　要與別人討論，必先了解對方的話。這裏提及的「詖辭」、「淫辭」、「邪辭」、「遁辭」，孟子都知道它們的問題所在。首先是「詖辭」，是偏頗之言論；「詖辭知其所蔽」，意即聽到了偏頗的言論，便知道其思想上受到的蒙蔽。其次是「淫辭」，乃過當的言辭。接着是「邪辭」，即邪僻不正的

言辭。最後是「遁辭」，乃逃避的言辭。四句合言，當為：偏頗的言辭，我知道它片面的地方；過當的言辭，我知道它失實的地方；邪僻的言辭，我知道它偏離正道的地方；逃避的言辭，我知道它理屈詞窮的地方。這便是孟子的「知言」。朱熹說：「人之有言，皆本於心。」所謂「知言」，便是了解對方說話用心之所在。在《孟子》一書裏，我們發現孟子與別人討論之時，都是勝出的一方，其實也與孟子的「知言」有密切關係。所謂「知己知彼，百戰百勝」是也。

有些人說話過於自我中心，完全沒有注意對方言談間的重點；有些人默默聆聽，不作回應，使講者自說自話。就像說話口試的時候，壟斷發言和沉默不語同樣果效不佳。孟子的「知言」正可以給我們參考。其實，按照對方發言的內容、態度和語氣，作出適切的回應，如此便可以知對方所言，並能準確陳說己見。

曾經在中文科說話考試中，看見一些考生爭相發言，生怕往後沒有說話的機會，不停地說個沒完沒了。又有另一些考生，真的一言不發，沉默是金，完全漠視其他考生的邀請，而只活在自己那謐靜的世界裏。作為考試的評核者，老師也只能狠下心腸，將這些考生評為不合格。另一種需要仔細聆聽他人說話的場合，就是大大小小的會議。有時候，會議過程冗長，議而不決，大家七嘴八舌，沒有好好了解對方的意見。也許，孟子的「知言」都可以幫助我們。

　　孟子能「知言」，還因為他有是非善惡的標準。日本學者伊藤仁齋《孟子古義》說：「知言者，知言之邪正而不惑也。上自聖賢，下至於諸子百家之言，明知其是非邪正，而成敗得失之所由。」為何「知言」可以判斷邪正？便是因為能「知言」者已有是非善惡的標準。

孟子善用譬喻

在討論、演說的時候，譬喻得宜十分重要，否則容易引人誤會，或者貽笑大方。

要使人明白自己所欲表達的道理，必要的是具體形象的論說技巧。東漢時的趙岐便說：「孟子長於譬喻，辭不迫切而意已獨至。」可見孟子善於利用譬喻說理乃是不爭的事實。《孟子》全書 261 章，其中 93 章使用比喻 159 種。類比論證是孟子用得最多的論證方法。

（周霄）曰：「晉國亦仕國也，未嘗聞仕如此其急。仕如此其急也，君子之難仕，何也？」

（孟子）曰：「丈夫生而願為之有室，女子生而願為之有家；父母之心，人皆有之。不待父母之命、媒妁之言，鑽穴隙相窺，踰牆相從，則父母國人皆賤之。古之人未嘗不欲仕也，又惡不由其道。不由其道而往者，與鑽穴隙之類也。」（6.3）

周霄是魏人，生活在梁惠王與梁襄王之時。這裏的「晉」是指魏國。周霄謂魏國乃有官可做的國家，卻不曾聽

過找官位是如此急迫的。如果找官位是如此急迫，君子何以不輕易為官，其理何在？孟子答之，男孩子一生下來，父母便希望給他找妻室；女孩子一生下來，父母便希望給她找婆家。父母如此之心，人人皆有。但是，若是不等待父母開口，不經過媒人介紹，自己便鑽洞扒門縫來互相窺望，爬過牆去私會，那麼，父母和社會人士都會輕視他/她。古代的人不是不想做官，但是又討厭不經合乎禮義的道路來找官做。不經合乎禮義的道路的，正如男女的鑽洞扒門縫。在這段文字裏，孟子認為君子為官若不由道，便如同鑽踰之徒，正是運用了形象的比喻，使對方明白為官當以道的重要性。

> 告子曰：「性猶湍水也，決諸東方則東流，決諸西方則西流。人性之無分於善不善也，猶水之無分於東西也。」
> 孟子曰：「水信無分於東西，無分於上下乎？人性之善也，猶水之就下也。人無有不善，水無有不下。今夫水，搏而躍之，可使過顙；激而行之，可使在山。是豈水之性哉？其勢則然也。人之可使為不善，其性亦猶是也。」（11.2）

告子名不害，乃戰國時人，曾受教於墨子。這裏是孟子和告子關於人性本善的爭辯。告子以為人性好比湍急的流水，從東方開了缺口便向東流，從西方開了缺口便向西

流。人性沒有善與不善之分，就好像水沒有一定要流向東
或一定要流向西一樣。孟子回應告子，謂水確實沒有一定
要流向東或一定要流向西的區分，但難道也沒有向上流和
向下流的分別嗎？人在本性上是善的，就像水在本性上是
向下流一樣。孟子續說，水這個東西，拍打它、使它濺起
來，水花可以高過額頭；阻擋它、使它倒流，可以使它上
山。這難道是水的本性嗎？這是形勢、外力迫使它成為這
個樣子的。人的不善，不是他的本性，就像水向上流的情
況一樣。

　　孟子有力地反駁了告子，認為人性本善。孟子指出
水往下流是水的本性，人心向善是人的本性，利用不同類
的事物相比，因其相通而推出結論，用的正是類比論證。
類比論證的好處是形象而具體，可是，如果我們再讓告子
仔細思考十分鐘，或許他便能提出反駁孟子的理據了。由
於事物類型的不相同，本已難以比較，告子只要想到這一
點，便能直斥孟子的不是。水向下流是大自然的事，因物
理定律而本來如此。至於人性，卻不見得真的和水向下流
相同。然而，我們今天看到孟子和告子的爭辯，都是記載
在《孟子》一書內，當然不會載錄孟子在爭辯中落敗的情
況，因而爭辯究竟有沒有結果，我們也無法得知。

　　在討論、演說的時候，譬喻得宜十分重要，否則容易
引人誤會，或者貽笑大方。

　　曾有一高官，在一學校開幕禮致辭時，談及教師工作

量實在太多，說教師工作雖多，但教書工作如吸食白粉，「食白粉會上癮，食白粉嘅時候好辛苦，但又鍾意食，就好似老師教學生時好辛苦，教到好學生又會鍾意教。」二者的共同點是「會上癮」，然而教書是正當職業，吸食白粉是不良行為，將二者加以比較，無疑教人難以理解。因此，使用譬喻雖然可使事物形象鮮明，可是用之不當的話，卻是適得其反，徒勞無功，甚至淪為笑柄。

引對方墮入語言陷阱

洞悉對方的底蘊，這樣才可以在辯説的過程中，將對方引進語言的陷阱裏。

在討論的過程中，孟子不時讓對手跌進深淵，欲救無從。當然，要讓對手敗下陣來，自己必要準備充足，洞悉對方的底蘊，這樣才可以在辯説的過程中，將對方引進語言的陷阱裏。

> 孟子謂齊宣王曰：「王之臣有託其妻子於其友而之楚遊者，比其反也，則凍餒其妻子，則如之何？」
> 王曰：「棄之。」
> 曰：「士師不能治士，則如之何？」
> 王曰：「已之。」
> 曰：「四境之內不治，則如之何？」
> 王顧左右而言他。（2.6）

孟子於此問了齊宣王三道問題。第一個問題謂齊王有一臣子把妻室兒女付託給朋友照顧，自己遊楚國去了。等他回來的時候，他的妻室兒女卻在挨餓受凍。對待這樣的

朋友，應該怎樣辦呢？齊宣王認為當和他絕交。到了第二
個問題，孟子謂假若管刑罰的長官不能管理他的下級，那
麼該怎樣辦呢？齊宣王認為當撤掉他。至於第三個問題，
孟子謂假若一個國家裏政治搞得不好，那又該怎樣辦呢？
齊宣王不知如何回答，只好把話題扯到別處去了。我們看
到，孟子先問了齊宣王兩個問題，齊王以「棄之」、「已之」
答之；作為齊國最高的領導者，負責「四境之內」的統治，
齊宣王面對孟子的第三個問題時，只能落荒而逃。在這段
討論裏，齊宣王是一步一步跌進孟子的圈套內，到最後是
無從招架，胡亂地扯開了話題。

> 告子曰：「生之謂性。」
> 孟子曰：「生之謂性也，猶白之謂白與？」
> 曰：「然。」
> 「白羽之白也，猶白雪之白；白雪之白猶白玉之白
> 與？」
> 曰：「然。」
> 「然則犬之性猶牛之性，牛之性猶人之性與？」
> （11.3）

這又是一場孟子和告子的討論。告子說，天生的資
質叫做性；孟子引告子入圈套，說天生的資質叫做性，是
否好像一切東西的白色叫做白。告子不虞有詐，謂正當如
是。孟子再追問，問告子白羽毛的白猶如白雪的白，白雪

的白猶如白玉的白，這樣是否正確。告子再次回答，謂理
當如是。最後，孟子指出，那麼便是狗性猶如牛性，牛性
猶如人性嗎？這裏，《孟子》一書沒有載錄告子有否回應，
或者告子的答案如何，然而我們可以猜想，人不可能等同
牛，所以告子是在跌進孟子的語言陷阱後輸掉了這場討
論。顯而易見，告子墮進了孟子的詭辯裏，在「白羽之白」
句裏，孟子抽取了其中「白羽」、「白雪」、「白玉」的「白」，
這三種東西的「白」表面上並無二致。如果在名家「白馬非
馬」[21] 的詭辯裏，告子或許已不會跌進孟子的圈套，在這裏
便停止了。可是，告子畢竟不是公孫龍，他不單沒有反駁
孟子，更隨聲應諾，以之為「然」，正中了孟子的圈套。

在《孟子》裏，我們看到的告子是笨笨的，每次都是孟
子的手下敗將，這次也不例外。告子有沒有可能在孟子的
咄咄相逼之下，作出絕地反擊呢？答案是絕對可以的，而
且時機不只一次。如果在「白羽」、「白雪」、「白玉」的討論
裏，告子指出三者的「白」有着本質上的不同，便可以反駁
孟子了。實際上，三者的「白」並不相同，白羽的「白」是
屬於白羽的，離開了白羽，這個「白」便沒有意義了。「白

21　公孫龍是戰國時代的名家人物，在《公孫龍子》一書裏，記載着其「白馬非馬」
　　論。「馬者所以命形也；白者所以命色也。命色者非命形也，故曰白馬非馬。」
　　「求馬，黃、黑馬皆可致；求白馬，黃、黑馬不可致。……是白馬之非馬，審
　　矣。」（《公孫龍子‧白馬論》）「白馬非馬」的命題揭示了「一般」和「個別」這
　　兩個概念的差異；但是，「一般」存在於「個別」之中，離開了白馬、黃馬、黑
　　馬等（個別）有色的馬，那也就沒有所謂「馬」（一般）的存在了。

雪」和「白玉」亦然。況且，在詭辯的層面以外，三樣事物的「白」也是不同的。「珍珠白」、「鋼琴黑」、「土豪金」這些顏色的名稱我們都聽過，它們的「白」是如何「珍珠」，「黑」是何等的「鋼琴」，「金」是怎樣「土豪」，似乎都難以言詮。然而，這裏的「白」、「黑」、「金」便與一般的「白」、「黑」、「金」有所不同。這是告子第一個可以逃脫的機會。

　　另一個機會是在「人之性」和「牛之性」的相同上作出反駁。告子是可以指出「犬」、「牛」、「人」的本性也是不同的。即使「白羽」、「白雪」、「白玉」的「白」是相同，也不代表「犬」、「牛」、「人」的本性相同。這正是類比論證的破綻。孟子在這裏還是使用了類比論證的慣技，這種辯證方法的好壞在上文已略述。其實，任何人也可以輕易知道「犬」、「牛」、「人」的本性是不同的，告子也不致於連動物和人的本性也分不清楚。

　　孟子在這裏以人和動物的本性作出對比，其實也是本於儒家向來重視的「人禽之辨」。人禽之辨的重要性，是在於突出了人之所以為人的原因。在第一章裏，我們討論了人有善端，也就是人和其他動物不同之處。因此，在孟子和告子的討論裏，孟子強調了人性和動物性的不同，也就是那「幾希」的善端。人可以將善端擴而充之，達至仁義禮智之境，人方為人。動物則不然，牠們沒有這種往上提升的能力，因此，孟子並不同意告子「生之謂性」的主張。

孟子的氣勢

孟子直呼「當今之世，舍我其誰」，這是何等強大的氣魄。如果能夠言之有據，持之有故，言不輕發，發則即中，自必受人景仰，萬人擁戴。

在孟子廷說諸侯的過程中，總可見他氣勢如虹，讓對方在討論裏敗下陣來。而且，孟子的討論對手並不是一般的人，不少是當時各國的諸侯，故其大無畏的精神，更教人心生嚮往之情。看見梁惠王、梁襄王、齊宣王時，孟子分別有以下的回應：

孟子見梁惠王。王曰：「叟！不遠千里而來，亦將有以利吾國乎？」

孟子對曰：「王！何必曰利？亦有仁義而已矣。」（1.1）

孟子見梁襄王，出，語人曰：「望之不似人君，就之而不見所畏焉。」（1.6）

齊宣王問曰：「齊桓、晉文之事可得聞乎？」

　　孟子對曰：「仲尼之徒無道桓文之事者，是以後世無傳焉，臣未之聞也。無以，則王乎？」（1.7）

　　朝見梁惠王時，孟子不理會梁惠王的訴求，而不以利說之，改說仁義之道。見梁襄王，因其沒有仁德君主所具備的素質，遂直斥之為「不似人君」。及見齊宣王，宣王欲說前代齊桓公霸道之事，孟子則以孔子後學無由聞之，改說之以王道。能夠朝見當世諸侯，本屬大事，亦唯此可宣揚一己之思想。然而，孟子以其強大的氣勢，壓倒權高位重的諸侯，為其往後的說辭奠下重要的基礎。

　　面對上級，可以不畏強權，直陳己見，除了因為自己理直氣壯以外，能夠保持強大的氣勢也十分重要。就如日本電視台TBS在 2013 年 7 月的電視連續劇《半澤直樹》裏，我們可以看到由日本演員堺雅人飾演的「半澤直樹」，怎樣在職場中一直以強大的氣勢挑戰上級，每每在言行舉止裏把對方擊倒。這部電視連續劇從第一集到最終回的收視率都不曾下跌，而最終回的平均收視率更有 42.2%，達到了本世紀日本電視劇最終回的最高紀錄。撇開劇本、演員等因素，以強大的氣勢挑戰上級本身便是廣大觀眾所願見到的事。

　　孟子論辯時的氣勢不僅見於朝廷之上，也表現在與其他人的論辯之中。以下是孟子和弟子充虞的對話：

　　孟子去齊，充虞路問曰：「夫子若有不豫色然。前

日虞聞諸夫子曰：『君子不怨天，不尤人。』」

曰：「彼一時，此一時也。五百年必有王者興，其間必有名世者。由周而來，七百有餘歲矣。以其數，則過矣；以其時考之，則可矣。夫天未欲平治天下也；如欲平治天下，當今之世，舍我其誰也？吾何為不豫哉？」（4.13）

孟子離開齊國，在路上，充虞見老師有鬱鬱不樂之色。孟子昔日曾謂君子不怨天、不尤人，[22] 何以現在會如此呢？孟子指出，說該話時有那時候的狀況，與現在不盡相同。每過五百年一定有位聖君興起，而且還會有命世之才從其中出來。從周武王以來，到孟子之時已經七百多年了。論年數，超過了五百；論時勢，正該是聖君賢臣出來的時候了。上天如果想使天下太平，在當今之世，除了自己以外，還有誰呢？所以孟子認為自己並沒有不快樂！在這段文字裏，孟子直呼「當今之世，舍我其誰」，這是何等強大的氣魄。或許，我們會想，孟子只是一介儒生，何能擔當「舍我其誰」的重任。然而，正是這一股氣勢，孟子成為了後世讀書人、士大夫心目中的英雄人物。正如上文所

22　案：「不怨天，不尤人」不單是孟子的說法，在《論語・憲問》裏，孔子也有這樣的說法。在 14.35，「子曰：『莫我知也夫！』子貢曰：『何為其莫知子也？』子曰：『不怨天，不尤人，下學而上達。知我者其天乎！』」此處孔子認為無人能了解自己，但他並不怨恨上天，也不責備於人。孟子以上所言，大抵本諸孔子此語。

述，即使是明太祖朱元璋，也懼怕了孟子的敢言和氣燄，因而命人刪節了《孟子》一書，成《孟子節文》。明末清初的黃宗羲，其思想頗受孟子影響，他的《明文案》、《行朝錄》、《南雷文定》、《南雷文約》等，都包括在乾隆朝的「禁燬書目」之內。其中《明夷待訪錄・原君》更指出孟子謂獨夫紂可弒之說（即臣可以弒君），實為「聖人之言」。

　　怎樣才可以使自己說話有氣勢呢？相信很多人都有這個疑問。本書不打算在這裏分析甚麼說話技巧，在於孟子來說，他之所以能有強大的氣勢，僅在於「理直氣壯」四個字。這四個字說來容易，做得到卻很難，「氣壯」並不難，「理直」才是可貴。我們常常可以看到滿口歪理的人，仍然高聲疾呼，大放厥詞。他們氣燄之盛，不過是用來掩飾自己的理虧。在電視新聞裏看到抗議示威的雙方，便最多這樣的人了。彼此以高聲狂呼作比拼，滿口胡言亂語，混淆視聽。不明事情底蘊的人，還以為某一方受了極大的委屈，報以同情目光。如果能夠做到「理直」的話，言之有據，持之有故，言不輕發，發則即中，自必受人景仰，萬人擁戴。

孟子總是最後的勝利者

孟子是否真的無敵呢？是否其論說都是無懈可擊？何以孟子和他人的爭辯每次都是孟子勝出呢？

在《孟子》一書裏，我們看到孟子與諸侯、時人、弟子討論許多不同的議題，每次取得勝利的都是孟子。那麼，孟子是否真的無敵呢？是否其論說都是無懈可擊？當然不是。正如上文提及的「生之謂性」（11.3）的辯論，只要告子不墮進孟子的圈套，便能找到其破綻，得到辯論的勝利。我們再看以下這個議題：

> 告子曰：「食色，性也。仁，內也，非外也；義，外也，非內也。」
>
> 孟子曰：「何以謂仁內義外也？」
>
> 曰：「彼長而我長之，非有長於我也；猶彼白而我白之，從其白於外也，故謂之外也。」
>
> 曰：「異於白馬之白也，無以異於白人之白也；不識長馬之長也，無以異於長人之長與？且謂長者義乎？長之者義乎？」

　　曰：「吾弟則愛之，秦人之弟則不愛也，是以我為
悅者也，故謂之內。長楚人之長，亦長吾之長，是以
長為悅者也，故謂之外也。」

　　曰：「耆秦人之炙，無以異於耆吾炙，夫物則亦有
然者也，然則耆炙亦有外歟？」（11.4）

　　告子詢問孟子，謂飲食男女是人的本性，又謂仁是內在
的東西，不是外在的東西；反之，義是外在的東西，不是內
在的東西。孟子不明所以，復問告子何謂「仁內義外」。
告子指出，因為他年紀大，於是我去恭敬他，恭敬之心
不是我本來就有；正好比外物是白的，我便認它為白色之
物，這是由於外物的白而我加以認識的緣故，所以說是外
在的東西。孟子了解告子所言後，謂白馬的白和白人的白
或者無所不同，但是對老馬的憐憫心和對老者的恭敬心，
則應該不同。而且告子所謂的「義」，究竟是在於老者，
還是在於恭敬老者的人？告子回應孟子：是我的弟弟便愛
他，是秦國人的弟弟便不愛他，這種愛是出於自己的緣
故，所以說仁是內在的東西。至於恭敬楚國的長者，也恭
敬自己的長者，這是因為外在的老者的關係，所以說義是
外在的東西。孟子再問告子：喜歡吃秦國人的燒肉，和喜
歡吃自己的燒肉無所不同，不少事物也有如此的情形，那
麼，難道喜歡吃燒肉的心也是外在的東西嗎？在這次討論
裏，告子和孟子對話的情況與前面所舉各例大致相同，皆
是告子逐步墮進孟子的圈套裏，最後以孟子的話語作結。

我們要問的是，告子有沒有反擊的空間？告子何以敗下陣來呢？

在這段爭辯裏，第一個爭議點在於「彼長而我長之，非有長於我也」。告子認為我們所以尊敬年長的人，乃因我們看見他在表面上所呈現的年長，而非敬老之意生於內心。這就像我們看見白色的事物，因其外表的白色，所以我們以它為白。這都是因事物的外觀使然。告子有沒有可能在最後的爭辯取勝，便要先看這個觀點是否成立。孟子和告子對於尊敬長者大抵態度不同，孟子的敬乃生之內心，非因外表；告子反是。可是，這是一個即使喋喋不休也不能解決的詭辯。此因在他人眼中，你是否尊敬長者，我們能看到的只是表面上的舉措，這個人是否心生尊敬，大抵無由得知。

第二個爭議點是「長馬之長」和「長人之長」是否有別。儒家強調人禽之辨，是以「人」、「馬」自不相同，人與其他動物不當相提並論。孟子認為對老人家的恭敬和對老馬的憐憫是不相同的，這是顯而易見的事實。承接上問，告子已經墮進孟子的語言陷阱裏，不再作反駁，自必敗陣而回。同樣地，如果告子能夠堅持恭敬與否、憐憫與否，我們都不能看見，而只是倚靠老人、老馬二者「老」的外觀，告子仍未敗陣。

因此，告子接續提出了第三個爭議點，即愛自己的弟弟和愛秦國人的弟弟是否有別。告子認為是自己的弟弟便

愛，秦國人的弟弟便不愛，因此仁是內在而生的。可是，
尊敬楚國的長者，以及尊敬家中的長者，是因為他們年長
的外觀，因此義是外在的。如果告子堅持仁愛生於心，而
義乃因外觀而來，其實亦可繼續對抗孟子。

　　最後，孟子再問告子：喜歡吃秦國人的燒肉，和喜歡
吃自己的燒肉相同，不少事物也有如此的情形，那麼，難
道喜歡吃燒肉的心也是外在的東西嗎？這個問題告子並沒
有回答，看來是告子輸了，不懂得如何回應。其實，喜歡
吃燒肉究竟是「內」或「外」，根本沒有絕對的答案。我可
以是懷有喜愛吃燒肉的心（內），也可以是因為燒肉的外觀
（外）而吃燒肉，孟子的回應並不足以令告子折服。然而，
告子何以未有回應？進一步而言，何以孟子和告子的爭辯
每次都是孟子勝出呢？原因很簡單，因為這些事情都是記
載在《孟子》這書裏。

第六章

理想世界，關愛天下

在古今中外的人類社會裏，從來沒有停止過對理想世界的追求。古希臘哲學家柏拉圖的「理想國」、中國晉代陶淵明的「桃花源」都是由這種追求而生出的產物。在《理想國》裏，柏拉圖（通過蘇格拉底）要建造一個理想的城市。這個城市的司法理論是完美的。柏拉圖的理想政體模式是依靠德性，建立在知識和真理之上的貴族政體。至於陶淵明，其〈桃花源記〉更是中國古代描述理想世界的美文：

　　　　初極狹，纔通人；復行數十步，豁然開朗。土地平曠，屋舍儼然。有良田、美池、桑、竹之屬，阡陌交通，雞犬相聞。其中往來種作，男女衣著，悉如外人；黃髮垂髫，並怡然自樂。見漁人，乃大驚，問所從來；具答之。便要還家，設酒、殺雞、作食。村中聞有此人，咸來問訊。自云：「先世避秦時亂，率妻子邑人來此絕境，不復出焉；遂與外人間隔。」問：「今是何世？」乃不知有漢，無論魏、晉！此人一一為具言所聞，皆嘆惋。餘人各復延至其家，皆出酒食。停數日，辭去。此中人語云：「不足為外人道也。」（節錄）

　　〈桃花源記〉為陶淵明詩《桃花源詩》的序，文中記述了一個世俗的漁人偶然進入與世隔絕之地的奇遇。桃花源的入口處起先很狹窄，只容一人通過；又走了幾十步，忽然寬敞明亮。土地平坦遼闊，房屋排列整齊。內裏有肥沃的農田、美觀的池塘，以及桑樹、竹子等植物，道路交錯通達，雞鳴狗吠的聲音隨處可聽。在這裏耕種的人，無論男女，其衣服穿著皆如同外界的人；不分長幼都能自得

其樂。桃花源裏的人看到漁人十分驚訝，問他從哪裏來，漁人皆一一道來。接着，他們就邀請漁人回家，備酒、殺雞、做飯來招待他。村裏面聽說有從外面來的漁人，大家都來探問。桃花源的人道出其祖先為了躲避秦朝時候的戰亂，帶着妻兒及同鄉的人來到這個無人所到的地方，不再出來，於是就和外界的人斷離、隔絕了。他們問漁人現在是甚麼朝代？桃花源裏的人竟然不知道有漢朝，更不用說魏朝和晉朝了！因此，漁人為他們詳述所知道的事情，桃花源的人都很感慨。其他的人又分別邀請漁人到他們家去，並拿出酒菜加以款待。數天後，漁人才告辭離去。桃花源的人希望漁人不要跟外面的人講述此處所發生的事情。

桃花源的理想世界，無疑是生活於動盪不安中的陶淵明的精神寄託。我們看陶淵明的生平，他早年曾任祭酒、鎮軍參軍、建威參軍及彭澤縣令等職，後「不為五斗米折腰」，辭官回家，從晉安帝義熙二年（406）起隱居不仕。直至宋文帝元嘉四年（427）病故。東晉年間，戰亂頻仍，國家內憂外患，人民生活困苦。在亂世之中尋找理想國度，也是生活在亂世的人很自然的想法。

儒家是積極入世的思想學派，以匡扶時政為己任，欲拯救黎民百姓於水深火熱之中。可是，即使胸懷大志，「知其不可而為之」，時君卻未必重用，因此亦有心灰意冷的一刻。孔子便曾說：「道不行，乘桴浮于海。」（《論語》5.7）「桴」是用竹木編成的木筏，大的叫作筏，小的叫作桴。孔子因為感嘆己道不行，言欲乘桴浮海，遠離此地。李澤厚《論語今讀》以為這是「儒學的道家（退隱）

面」，説得很有道理。宋代詞人蘇軾〈臨江仙〉裏的「小舟從此逝，江海寄餘生」，也就是化用了此處孔子退隱的意思。

除了文字上的描述以外，歷史上也有對於理想世界付諸行動的追尋。秦始皇希望長生不老，尋訪仙山，其實也是一種對理想世界的訴求。在《西遊記》裏，我們看見孫悟空貴為花果山的美猴王，好不威風，可是也免不了受死亡恐懼所困，因而追尋長生不老之術。凡此種種，皆可見人類的追求。

至於孟子，在《孟子》一書中有對理想社會的描繪，有對聖王賢君的盼望。「孟子道性善，言必稱堯舜」，前文已提及孟子在書中多援引堯、舜之事，此處不贅。其實，堯、舜時代在聖賢管治下的社會，正是孟子所嚮往的理想世界。另一方面，在論述王道治國之時，孟子也曾勾勒理想國度的生活環境，雖然不太完整，但還是可以看到他的一些想法。

五畝之宅，樹之以桑

不違農時，數罟不入洿池，斧斤以時入山林，養生喪死無憾，這樣自然可以令天下歸服。

在孟子關於王道治國的說辭裏，經常都會提到一個理想的生活環境，而圍繞着的主要是農業社會的生活：

> 不違農時，穀不可勝食也；數罟不入洿池，魚鼈不可勝食也；斧斤以時入山林，材木不可勝用也。穀與魚鼈不可勝食，材木不可勝用，是使民養生喪死無憾也。養生喪死無憾，王道之始也。

> 五畝之宅，樹之以桑，五十者可以衣帛矣。雞豚狗彘之畜，無失其時，七十者可以食肉矣。百畝之田，勿奪其時，數口之家可以無飢矣。謹庠序之教，申之以孝悌之義，頒白者不負戴於道路矣。七十者衣帛食肉，黎民不飢不寒，然而不王者，未之有也。（1.3）

以上出自孟子與梁惠王的對話中，乃孟子向梁惠王陳說老百姓的理想生活。中國古代社會以農立國，如果農民

在耕種收穫的季節，統治者不去妨礙生產，那麼糧食便會吃不盡了。如果不用細密的魚網到大池沼裏去捕魚，那麼魚類也就吃之不盡了。同理，樵夫深入樹林之中，如果沒有過度砍伐樹木，木材也會用之不盡。糧食、魚類、木材皆用之無窮，百姓對生老死葬也便沒有不滿了。此外，在五畝大的宅園中，種植桑樹，那麼五十歲以上的人都可以穿上絲綿襖了。雞狗與豬等家畜都有飼料和工夫去飼養，那麼七十歲以上的人都可以有肉吃了。一家人百畝的耕地，不要去妨礙他們的生產，那麼幾口人的家庭可以吃得飽足了。除了吃以外，孟子也關心教育。理想的社會應該要辦學校，反覆地用孝順父母敬愛兄長的大道理作為訓誨，那麼鬚髮花白的人也就不用負着重物在路上行走了。七十歲以上的人有絲綿襖穿，有肉吃，一般百姓不用挨餓、挨冷，這樣便可使天下歸服。誠然，孟子在與梁惠王對話時，並非專門討論理想國度為何，而旨在研究如何可使天下歸服而已。不過，假使天下如此，人人食足溫飽，便與理想國度無異。

孟子的遊說都是有備而來的，並非隨口胡言，濫竽充數。因此，在其說辭中，每每可見某些用辭用語反覆出現。相類近的描述，在《孟子》書裏還有兩次：

> 王欲行之，則盍反其本矣：五畝之宅，樹之以桑，五十者可以衣帛矣。雞豚狗彘之畜，無失其時，

七十者可以食肉矣。百畝之田，勿奪其時，八口之家可以無飢矣。謹庠序之教，申之以孝悌之義，頒白者不負戴於道路矣。老者衣帛食肉，黎民不飢不寒，然而不王者，未之有也。（1.7）

這次是在與齊宣王的對話裏出現。孟子以為齊宣王如果可以令到齊國社會出現上述的情況，老年人個個穿綿吃肉，一般人不凍不餓，這樣自然可以令天下歸服。

天下有善養老，則仁人以為己歸矣。五畝之宅，樹牆下以桑，匹婦蠶之，則老者足以衣帛矣。五母雞，二母彘，無失其時，老者足以無失肉矣。百畝之田，匹夫耕之，八口之家足以無飢矣。所謂西伯善養老者，制其田里，教之樹畜，導其妻子使養其老。五十非帛不煖，七十非肉不飽。不煖不飽，謂之凍餒。文王之民無凍餒之老者，此之謂也。（13.22）

相類近語句第三次出現在這裏，這次是孟子的自述。孟子於此敍述周文王善養老人之事。孟子指出五十歲的人沒有絲棉便穿不暖；到了七十歲，沒有肉便吃不飽。穿不暖，吃不飽，叫做挨凍受餓。孟子謂周文王的百姓沒有挨凍受餓的老人。

以上便是孟子筆下理想世界的生活，而數次出於口中，可見其論辯之前早有準備，應對之時自能如數家珍。與人討論事情，如能早作準備，搜集資料，在議論之時便

能言之有據，以理服人。此乃孟子所以常常折服對手的因由，很值得我們參考。

推崇堯舜之道

孟子主張法先王，主張效法古代聖君明主的言行、制度，言必稱堯、舜、文、武。孟子主張仁政與「王道」，其心目中的楷模就是古代聖王。

性善論是孟子的核心學說，在解說性善論時，孟子每多援引唐堯、虞舜。「我非堯舜之道，不敢以陳於王前」（4.2）、「孟子道性善，言必稱堯舜」（5.1）皆是其中例子。本書第一章亦嘗略論之，在此不贅述。當然，多稱堯、舜並非孟子和儒家的專利。我們在墨家、道家、法家的典籍裏，同樣可以找到歌頌堯、舜為聖賢君主的篇章。[23] 在《孟子》書中，徵引「堯」58 次、「舜」97 次，「堯舜」並稱 26 次；如果我們知道《孟子》全書亦不過是 35,000 多字，便可知道他徵引「堯」、「舜」次數之頻繁。

對古代聖賢君主的嚮往，其實是對當時諸侯的一種諷刺。孟子主張法先王，主張效法古代聖王賢君的言行、制

---

23 墨子以為堯舜為「三代」之聖王，在《墨子》書中多篇俱有提及。道家的《莊子》、《文子》，法家的《韓非子》皆有相關論述。

度，言必稱堯、舜、文、武。孟子主張仁政與「王道」，其心目中的楷模就是古代聖王。

> 孟子曰：「規矩，方員之至也；聖人，人倫之至也。欲為君，盡君道；欲為臣，盡臣道。二者皆法堯舜而已矣。不以舜之所以事堯事君，不敬其君者也；不以堯之所以治民治民，賊其民者也。」（7.2）

孟子説，圓規和曲尺是方圓的標準，聖人是做人的標準。身為君主，就要盡君主之道；身為臣子，就要盡臣子之道。兩種道，只要都取法堯和舜便可以了。不用舜服侍堯的態度和方法來服侍君主，便是對君主的不恭敬；不用堯治理百姓的態度和方法來治理百姓，便是對百姓的殘害。孟子在這裏明確指出，君臣皆應以堯和舜為楷模。孟子稱古代聖王為「先王」，孟子認為當效法先王，「以不忍人之心，行不忍人之政」（3.6）。倘若不法「先王」，便是離經叛道，人神共誅之。

為甚麼古代先哲都那麼稱頌堯、舜之道呢？又堯、舜之道有何特點呢？在堯舜的傳説裏，有兩點對古代社會至為重要，一為禪讓美事，二為選賢與能。所謂「禪讓」，指的是古代統治者更迭的一種方式，在位君主生前便將統治權讓給他人。此舉意味着在位者不把君權當作家族私有，而將其位讓給賢能的人，是一種理想的政治制度。形式上，禪讓是在位君主自願進行的，是為了讓更賢能的人統

治國家。禪讓制度最早見載於《尚書‧堯典》。堯為部落共主時，四嶽推舉舜為繼承人，堯考核舜三年，使幫助為事。堯死，舜繼位，復用禪讓之制，以治水為考驗，選禹為繼承人。禹繼位後，又舉皋陶為繼承人，然皋陶早死，復以伯益為繼承人。不過，族人擁戴禹之子啟為王，象徵着傳給外人的禪讓制結束。1993 年郭店一號墓出土的〈唐虞之道〉竹簡，與 2002 年出版《上海博物館藏戰國楚竹書》裏收錄的〈子羔〉、〈容成氏〉，三篇都記載着上古的禪讓制度。其中〈唐虞之道〉推崇禪讓，指出「不禪而能化民者，自生民未之有也」。由此可見，禪讓制在中國古代一直備受稱頌。

　　啟建立夏朝，代表着中國古代統治者「家天下」的開始。在君權至上的統治模式之下，能夠約制君權的只有君主自己的良知，或者是所謂的「天道」。[24] 孟子向君主陳說堯舜之事，乃欲君主可以行仁政，以德治民。如果君主能以堯、舜為楷模的話，那自然是國家和百姓之福。此外，如前文所述，如果君主不德如紂，誅之亦可。是以君主能以堯、舜為榜樣，百姓必定生活安穩，國家亦可長治久安。這是孟子多用堯、舜遊說的一個原因。

24　對於「堯舜禪讓」，孟子認為並非堯將天下授與舜，授舜以天下者乃是「天」。（9.5）由是觀之，人不可以將天下私相授受，能得天道者方可有天下。孟子所言，大抵乃針對燕王噲將燕國授予子之之事，此舉不單引發燕國內亂，更惹來列國的進襲。

禪讓制度在傳說中的堯舜時代已經結束，「家天下」緊接而來，自啟建立夏朝，一直到清代覆亡，中國都是以「家天下」形式管治，百姓都生活在一姓王的國度之下。今天，世界各地不少政權的最高權力交接都不再是世襲制或終身制的了。

選賢與能

帝堯任命官員十分謹慎，且唯才是用。如果君王可如帝堯般開明，親賢遠小，那自然是社稷之幸、百姓之福。

　　堯、舜治國另一特點為選賢與能。堯以舜繼位，舜以禹繼位，據《尚書‧堯典》所載，堯任命官員制訂曆法，委任官員極為英明。第一，帝堯命令羲氏與和氏，敬慎地遵循天數，推算日月星辰運行的規律，制定出曆法，敬慎地把天時節令告訴人們。第二，命令羲仲，住在東方的暘谷，恭敬地迎接日出，辨別測定太陽東升的時刻。第三，命令羲叔，住在南方的交趾，辨別測定太陽往南運行的情況，恭敬地迎接太陽向南回來。第四，命令和仲，住在西方的昧谷，恭敬地送別落日，辨別測定太陽西下的時刻。第五，命令和叔，住在北方的幽都，辨別觀察太陽往北運行的情況。帝堯又規定了百官的事務，使政事俱可興辦。對於自己的兒子丹朱，以及水神共工，帝堯則以才能不足，不能委以重任。凡此種種，皆可見帝堯任命官員十分謹慎，且唯才是用。孟子周遊列國，亦欲君主能重用之；

如果君主可如帝堯般開明，親賢遠小，那自然是社稷之
幸、百姓之福。《孟子》一書裏亦言堯以舜繼位之事：

> 當堯之時，天下猶未平，洪水橫流，氾濫於天
> 下，草木暢茂，禽獸繁殖，五穀不登，禽獸偪人，獸
> 蹄鳥跡之道交於中國。堯獨憂之，舉舜而敷治焉。
> （5.4）

在這段文字裏，孟子指出在帝堯的時候，天下不安
定，大水為災，四處泛濫，草木密密麻麻地生長，鳥獸成
群地繁殖，穀物卻沒有收成；飛鳥野獸危害人類，到處都
是牠們的足跡。帝堯因此而感到憂慮，於是乃提拔舜總領
治理的工作。若非帝堯善用人才，國家之災荒亦不可平定。

> 堯之於舜也，使其子九男事之，二女女焉，百官
> 牛羊倉廩備，以養舜於畎畝之中，後舉而加諸上位，
> 故曰，王公之尊賢者也。（10.6）

帝堯怎樣重用舜呢？孟子指出，帝堯讓自己的九個兒
子向舜學習，把自己的兩個女兒嫁給他，而且各種官吏，
以及牛羊、倉庫無不具備，使舜在田野之中得着周到的生
活照顧，然後提拔他到很高的職位上。孟子以此為王公尊
敬賢者的例子。

今天，選舉的口號仍然是「投票選賢能」，不過其現實
意義似乎只在管治層面之上，當選者的道德水平如何，在

考慮票投何人時並不是重點，與堯舜時代之道德標準相去
甚遠。

「以羊易牛」的不忍之心

孟子借動物為喻，證明人都有不忍之心，並說明「君子遠庖廚」的道理。

法國思想家史懷哲（Albert Schweitzer，1875-1965）曾說：「屬於孔子學派的中國哲學家孟子，就以感人的語言談到了對動物的同情。」動物有時存在於孟子的說辭裏，例如著名的〈齊桓晉文之事章〉裏，便有「以羊易牛」的比喻，用以說明齊宣王有行仁政之心。

（齊宣王）曰：「若寡人者，可以保民乎哉？」

（孟子）曰：「可。」

（齊宣王）曰：「何由知吾可也？」

（孟子）曰：「臣聞之胡齕曰，王坐於堂上，有牽牛而過堂下者，王見之，曰：『牛何之？』對曰：『將以釁鐘。』王曰：『舍之！吾不忍其觳觫，若無罪而就死地。』對曰：『然則廢釁鐘與？』曰：『何可廢也？以羊易之！』——不識有諸？」

（齊宣王）曰：「有之。」

（孟子）曰：「是心足以王矣。百姓皆以王為愛

也，臣固知王之不忍也。」

（齊宣王）王曰：「然；誠有百姓者。齊國雖褊小，吾何愛一牛？即不忍其觳觫，若無罪而就死地，故以羊易之也。」〔……〕

（孟子）曰：「無傷也，是乃仁術也，見牛未見羊也。君子之於禽獸也，見其生，不忍見其死；聞其聲，不忍食其肉。是以君子遠庖廚也。」（1.7）

在這則「以羊易牛」的故事裏，孟子借動物為喻，指出齊宣王可行王道。齊宣王問孟子，像自己這樣的人，能否使百姓生活安定。孟子以之為然。宣王不知孟子何以知之。孟子遂以昔日胡齕告知有關宣王之事析之。有一次，齊宣王坐於大殿上，有人牽着牛從殿下走過，宣王看到了，遂問牽牛者欲往何處。牽牛者謂欲宰之以祭鐘。宣王聞之不忍，要求將牛放掉。因宣王覺得該牛樣子可憐，雖無罪，卻仍被送進屠場。牽牛者問宣王是否把祭鐘宰牲廢除，宣王卻以為不可，並提議以羊取代。孟子説，憑「以羊易牛」之事，便可證宣王有行仁政統一天下的心了。老百姓或許以為宣王是吝嗇，可是孟子知道這是王的不忍之心。宣王謂齊國雖然不大，可是也不至於連一頭牛也捨不得，只是不忍心看到牛可憐的樣子，所以才用羊來代替。孟子認為這種不忍之心正是仁愛。至於為何以羊易牛，乃因宣王親眼看到了那隻牛的可憐，卻沒有看到那隻羊。孟子引

而申之，以為君子對於飛禽走獸，看見牠們活着，便不忍心看到牠們死去；聽到牠們的悲鳴哀號，便不忍心吃牠們的肉。是以君子將廚房擺到遠離自己的場所，便是這個道理。這是一個典型的以小喻大的故事。大抵我們會認為殺羊和殺牛同等殘忍，但是孟子以此說理，證明齊宣王有行仁政的心，其用意皎然。

當然，儒家的「仁」與基督的博愛終有不同，「仁」是一種有等差的愛，愛護動物和大自然是與愛人不同的，這跟沒有等級差異的博愛是截然不同的。是以孟子說「今恩足以及禽獸，而功不至於百姓者」（1.7）的敍述，其實並不妥當。因為及於禽獸的愛，終不與對人的「仁」相提並論。因此，能做到及於禽獸的，並不代表也做到及於人，這是孟子在說理時所用的類比論證，同時也是邏輯上的謬誤。

孟子說，「人之所以異於禽獸者幾希」（8.19），這個「幾希」，表明人和動物其實相去不遠。正如本書第一章所說，人和動物在很多地方都很接近，但孟子這個所謂的「幾希」，是失之毫釐、差之千里的分別。在人類世界的動物研究裏，人總是在找尋動物與人有何等程度的相似。其實，人具有動物性是不爭的事實，我們應該好像中國先哲一樣，要將「幾希」的東西發揮出來，閃耀出人之所以為人的光芒。

愛護環境

孟子嘗言「斧斤以時入山林」,在今天看來是維護生態平衡的關鍵。

能夠愛護天下萬物,即使是愛而不是仁愛,亦已足矣。今天,我們都會明白不同的物種是在互相依賴的情況下生存,人雖然是萬物之靈,可是沒有了周遭的生命,我們亦不能生存。因此,保護生態平衡是十分重要的。

> 數罟不入洿池,魚鼈不可勝食也;斧斤以時入山林,材木不可勝用也。穀與魚鼈不可勝食,材木不可勝用,是使民養生喪死無憾也。養生喪死無憾,王道之始也。(1.3)

這段文字在前文〈五畝之宅,樹之以桑〉曾經引用,在該篇中,意在說明孟子心目中理想的農業社會。捨此以外,這個環境在今天看來實在是維護生態平衡的關鍵。首先,孟子認為如果細密的魚網不到大的池沼捕魚的話,那麼魚類便會吃之不盡。不用細密的網捕魚,為的是使小魚有成長的機會,他日便可變成大魚,供人食用。在 2005

年的時候，法國便因使用網眼太小的捕漁網而被歐洲法院判處罰款 2,000 萬歐元。這不就是二千多年前孟子的思維嗎？從 1999 年夏天開始，中國政府在南中國海推行一項名為「休漁期」的政策。顧名思義，休漁期是禁止漁船捕魚作業的措施，目的是希望讓大海裏的魚類有喘息的機會，可以從小魚變成大魚，而不致給漁民趕盡殺絕。現在，每年的休漁期大概兩個半月，雖然市民在這段時間內少了吃新鮮海魚的機會，可是換來的卻是護育魚苗，讓物種不至滅絕，絕對是值得推廣的。

其次是伐木。孟子認為如果砍伐樹木有一定的時間，木材也會用之不盡。按時伐木，也就表明只砍伐樹齡足夠、可供砍伐的樹木。如果連幼小的樹木也砍伐的話，將來便沒有木材可用。此外，不胡亂砍伐樹木，其好處並非只是有木材可用。根據網路媒體Mashable報道，麥當勞、雀巢、家樂氏等超過 150 家知名企業、公民社會團體以及各國政府，在 2014 年 9 月於紐約舉行的聯合國氣候高峰會上簽署了「紐約森林宣言」(New York Declaration on Forests)，承諾在 2020 年以前減少五成的森林損失，並在 2030 年前達到零森林損失的目標，以分別減少 45 億噸和 88 億噸的碳污染。

再以台灣為例。台灣的森林在近四百年來，從平地到海拔 2,500 公尺之間的原始森林所剩無幾，主因在於養菇業的需要。根據台灣每年的木屑使用量和每公頃平均可得木

屑量，每年養菇所需砍伐的森林面積約為 2,300 公頃，相當於 88 個台北市的大安森林公園。為了養菇而大量砍伐森林，究竟是否值得，實在見仁見智了。

　　胡亂伐木更可導致水土流失，以致河流泛濫。另一邊廂，土地沙漠化的元兇也是伐木。由於樹木的根部可以固定水土，伐林會導致土壤的吸水能力減弱，土表因失去植被保護而遭加速侵蝕，因此每逢下雨之時，雨水、砂土便迅速流往下坡，湧入河道，造成淤積，發生洪災的機會便會增加。以黃河為例，《孟子》曾記載黃河流域是「草木暢茂，禽獸繁殖」(5.4)，可是，戰國以後隨着鐵農具的廣泛使用和秦國經濟中心向關中遷移，黃河流域與黃土高原的植被開始遭到破壞。長期的伐林使森林覆蓋已經難以恢復到從前的狀況。黃土高原亦開始受到黃河的侵蝕而被捲走大量的土壤，形成千溝萬壑的地表形態，以及中下游流域連綿不絕的泛濫。再者，由於黃土高原地區植被破壞嚴重，缺少了植被涵養的土地逐步沙漠化，蒸發量變得更高，土地乾燥令地下水需要不停吸收流經的河道才能得以補充。由是觀之，伐林所帶來的生態破壞自是不容小覷，孟子所言「斧斤以時入山林」，以維持生態平衡，絕對有理。

後記：在這個時代，我們也要有孟子的勇氣

　　孟子生活在距離我們二千五百多年前的戰國時代，古今事情不盡相同，也不必相同，可是孟子作為儒家道統的繼承人，其言行皆足為後人楷模。

　　孟子提出性善論，認為人性本善，從人性的光明面着眼，駐足於人性光輝燦爛的層面之上。我們不必妄自菲薄，謂力不足，反之當將一己之善性擴而充之，成就人格裏的真善美。孟子認為人人皆可為聖人，皆可成堯舜，此見其勸學之心，使我們可以努力不懈，朝聖人之路邁進。成聖之路雖難，然而任何成功都建基於踏出的第一步。孟子正為我們提供了成德之路，也使我們不必再以為儒家之道難以實行。

　　孟子是勇敢的人，觀其於朝廷之上，遊說諸侯而毫無懼色便可知矣。與告子滔滔不絕的辯說人性，在公都子面前直陳世衰道微，在朝廷上與梁惠王、梁襄王、齊宣王等針鋒相對，孟子的據理力爭，使其形象鮮明，如在目前。讀《孟子》一書，讓我們可透過文字感受他偉大的人格。在先秦諸子之中，孟子的人格是最鮮明的，也是最積極入世的。雖然說孔門儒家對後世影響深遠，孔子更是至聖

先師，最受後世景仰。然而，在二十一世紀的今天，孟子的精神無疑更為重要。能夠在權貴面前挺直腰板，高聲疾呼，任何辯論技巧也不及理直氣壯來得關鍵。只要道理在我，即使面對困難依然前行，毫不退縮。

從前研讀《孟子》的時候，雖然明白孟子偉大的人格，卻只能算是紙上談兵，體會未深。執筆之初，社會上持續着香港市民的抗爭運動，其初衷為何，誰是誰非，慢慢已變得模糊。但孟子那種「自反而縮，雖千萬人，吾往矣」的勇氣，卻值得牢記。

在現今的香港，青年人根本難以看到自己的出路；沒有出路，便只能着眼於長時間的抗爭，這樣才可以將自己心中的樂與怒宣洩出來。可是，激情過後，亦要時間沉澱，重新出發。熱情可以燃點起抗爭的火花，多作反省可以將事情完善。孟子的偶像是孔子，並稱讚孔子，認為他「可以仕則仕，可以止則止，可以久則久，可以速則速」（3.2）；事實上，能夠在適當的時候知所進退，也是一種人生的智慧。